Démographie

Eléments d'analyse et évolution
Du peuplement humain

Catalogage Electre – Bibliographe

Vidal, Annie
Démographie : éléments d'analyse et évolution du peuplement
humain. – Nouv. Ed. – Saint-Martin-d'Hères (Isère) : PUG, 2002. –
(L'économie en plus)
ISBN 2-7061-1086-4
RAMEAU : démographie : manuel d'enseignement supérieur
DEWEY   658.14/ Gestion des entreprises. Elaboration de la
politique de l'entreprise. Management.
Public concerné :   1er et 2ème cycles.

La collection "L'économie en plus" est animée par Liliane Bensahel, Jacques
Fontanel et Michel Vigezzi en liaison avec le département télé-enseignement
de la Faculté des sciences économiques de l'université Pierre Mendès France
de Grenoble

© Presses Universitaires de Grenoble,2002
BP 47 – 38040 Grenoble Cedex 9
Tél : 04 76 82 56 51 – Fax: 04 76 82 78 35
e-mail : pug@pug.fr - www.pug.fr

ISBN 2 7061 1086 4

Annie Vidal

DEMOGRAPHIE

Eléments d'analyse
et évolution du peuplement humain

Presses Universitaires de Grenoble

Dans la même collection

L. Bensahel, J. Fontanel, M. Vigezzi,
L'économie contemporaine de la France, 1989 (épuisé)
A. Del Forno,
Eléments de vocabulaire économique français, 1989 (épuisé)
P. Bailly, *L'économie et les chiffres*, 1989
Exercices corrigés de statistique descriptive, 1990 (épuisé)
J.-P. Doujon, *Histoire des faits économiques et sociaux*, 1990
R. Barre, J. Fontanel, *Principes de politique économique*, 1991 (épuisé)
A. Samuelson, *Economie internationale contemporaine*, 1991
M. Chatelus, J. Fontanel, (sous la direction de)
Dix grands problèmes économiques contemporains, 1993
M. Vigezzi, *Eléments de méthodologie pour économistes*, 1993 (épuisé)
M. Andreff, *Statistique : traitement des données d'échantillon*
tome I – *Les méthodes*, 1993
tome II – *Les applications*, 1994
R. Di Ruzza, J. Fontanel (sous la direction de)
Dix débats en économie politique, 1994
A. Vidal, *Démographie*
Eléments d'analyse et évolution du peuplement humain, 1994
A. Vidal, *La pensée démographique*, 1994
Doctrines, théories et politiques de population
M. Vigezzi (sous la direction de)
Dix grands auteurs en économie, 1995
J.-W. Dereymez, *Le travail. Histoire, perspectives*, 1995
A.-M. Chartier
Essai critique sur le concept de développement, 1996
L. Reboud, *Economie européenne*
1. *Les limites de l'internationalisation des marchés*, 1996
2. *Les conditions de l'intégration*, 1996
M. Vigezzi, *Analyse économique – Les faits et les pensées*, 1996
J. Calvet, *Analyse économique – les concepts de base*, 1996
J.-P. Angelier, *Economie industrielle.*
Une méthode d'analyse sectorielle, nouvelle édition, 1997
L. Bensahel, *Introduction à l'économie du service*, 1997
J.-P. Angerlier, *Calcul économique et financier*, 1997
L. Bensahel (sous la direction de)
L'économie de la France face aux défis du XXIe siècle, 1998
J.-L. Besson, *Monnaie et finance en Europe*, nouvelle édition, 2000
Sous la dir. De Jacques Fontanel et Liliane Bensahel, *Réflexions sur l'économie du sport*, 2001
Annie Vidal, *Démographie, les outils – Exercices corrigés*, 2001
F. Carluer, *Les théories du développement économique*, 2002
F. Carluer, *Leçons de microéconomie*, 2002
R. Taouil, *Leçons de macroéconomie*, 2002

INTRODUCTION

Si la pensée démographique est ancienne, riche et diverse, la démographie avec son objet, ses méthodes et ses outils, n'apparaît qu'au cours de la deuxième moitié du XIXe siècle.

Depuis l'Antiquité, les hommes ont témoigné d'un vif intérêt pour les questions de population, cette matière première des sociétés dont les craintes d'excès ou d'insuffisance ont de tout temps alimenté des réflexions sur la taille idéale de la Cité, de la Nation. Malgré le développement de l'approche scientifique des faits de population, la démographie reste soudée à la problématique posée par Thomas Robert Malthus dès la fin du XVIIIe siècle et voit s'opposer aujourd'hui encore natalistes et malthusiens. Ces débats, loin d'appartenir au passé, trouvent dans les dynamiques actuelles des populations un regain d'intérêt avec les problèmes du développement de plus en plus considéré comme handicapé par une croissance démographique forte, avec les écarts démo-économiques entre les régions du monde, l'impact du vieillissement des uns et de la jeunesse des autres et l'aptitude des sociétés à répondre aux besoins fondamentaux des hommes, besoins d'éducation, de soins, de logement, d'emploi.

Discipline qui décrit « graphos » la population « demos », la démographie s'est de plus en plus intéressée à la dynamique du peuplement comme moment du développement des sociétés. Affaire d'abord des philosophes, des politiques et du législateur, la population deviendra aux XIXe et XXe siècles celle des sociologues, économistes, historiens, géographes, écologistes. L'intérêt porté à la population, en particulier à sa croissance, s'affirme avec les conférences mondiales sur la population qui se tiennent tous les dix ans dont celle de Bucarest en 1974 suivie en 1984 par la conférence de Mexico enfin, la dernière qui s'est tenue en 1994 au Caire.

Si John Graunt, dans la deuxième moitié du XVIIe siècle, est à l'origine d'un regard nouveau porté sur les faits de population, la démographie ne se développera que vers le milieu du XIXe siècle période au cours de laquelle s'imposent une certaine universalité de la recherche et un travail de synthèse effectué par la branche française.

Elle acquiert ainsi la maturité d'une discipline autonome fortement liée dès sa naissance aux statistiques, lien qu'elle conservera en s'éloignant progressivement du modèle biologique pour s'affirmer de plus en plus comme une science sociale et humaine.

LE PERE DE LA DEMOGRAPHIE, J.GRAUNT

Jusqu'à John Graunt (avril 1620-avril 1674), « la population était plus objet de réflexions et de spéculations vagues que d'observations et d'analyse » (R.Pressat). Elle était l'affaire de Dieu et des mystificateurs. On peut illustrer les croyances anciennes à partir de la description faite par un religieux, Jean de Venette, témoin oculaire de la peste noire de 1348. « Cette année-là, 1348, au mois d'août, on vit au-dessus de Paris une étoile … La nuit venant, cette grosse étoile éclata en rayons … Il est possible que ce fut le présage de la pestilence qui allait venir ». Expression de la colère de Dieu, châtiment divin pour punir les péchés des hommes, ainsi étaient vécues les épidémies et les millions de morts qui s'en suivaient. John Graunt fera de la population l'affaire des scientifiques avec la publication en 1662 de son ouvrage intitulé *Natural and Political Observations on the Bills of Mortality*[1] qui marque la naissance de l'esprit analytique et des instruments scientifiques. Certains y voient une véritable révolution scientifique et font de John Graunt le fondateur de la statistique et de la démographie. Ce fils de mercier, maître drapier de sa condition, eut pour idée novatrice de transférer les données des bulletins de mortalité dans des tableaux chronologiques. Alfred Sauvy situe la naissance de la statistique dans ce passage de la notion de liste à celle de tableau qui ouvre l'ère de l'approche numérique de la réalité.

L'enregistrement des faits démographiques n'était pas de pratique courante au XVIIe siècle, mais les pestes qui décimaient la population de Londres aux XVIe et XVIIe siècles vont pousser les autorités de la ville à publier, à partir de 1517, des relevés de décès selon leur cause, afin de suivre les effets et l'évolution de ce fléau. Les

---

[1] Cet ouvrage connut un immense succès, comme en témoignent les cinq éditions parues entre 1662 et 1676 ; il ne sera traduit en français qu'en 1905, alors que la traduction allemande date de 1702.

publications de bulletins paroissiaux apparaissaient et disparaissaient au rythme des épidémies, mais à partir de 1603 leur périodicité hebdomadaire allait fournir à John Graunt la matière première que son esprit curieux traitera avec exigence et rigueur. D'aucuns lui attribuent l'invention de la table de mortalité, ce qui est plus vrai dans l'esprit que dans la forme. Premier à appréhender les phénomènes de population sous l'angle de la recherche de régularités, de lois, par l'usage de l'abstraction mathématique, il est suivi par l'Allemand Johann Peter Süssmilch (1707-1767) qui reprend, séduit par sa découverte des *Observations*, les méthodes de calcul de John Graunt dans son célèbre ouvrage *Die Göttliche Ordnung*, L'ordre Divin.

John Graunt, grâce à ses travaux, permet de corriger les idées fantaisistes de son époque : s'il y a un léger excédent masculin à la naissance et au décès, on est loin de la proportion avancée jusque là de trois femmes pour un homme ; Londres comptait environ 380 000 habitants et non les deux à six millions avancés ; la population connaissait des mouvements de hausse et de baisse et non un mouvement permanent de décroissance. Les ordres de grandeurs vont s'améliorer considérablement à partir de John Graunt[2].

LES FONDATEURS DE LA DEMOGRAPHIE : 1820-1920

La démographie se construit entre 1850 et 1920, mais un ouvrage paru en 1778, *Recherches et considérations sur la population de la France* de Jean Baptiste Moheau, secrétaire de l'intendant de Province Montyon, auteur probable de la deuxième partie de cette publication, peut être considéré comme le texte fondateur de la démographie française. Ce traité constitue une véritable théorie de la population ; c'est l'un des premiers ouvrages à rejeter l'idée d'un régime démographique naturel universel en relativisant les facteurs physiques par des considérations morales et politiques.

---

[2] Une controverse demeure à propos du véritable auteur des *Observations*. L'influence de William Petty est certainement importante ; Alfred Sauvy est sans doute dans le vrai lorsqu'il présente John Graunt comme un "migrant intellectuel plus ou moins fécondé par W. Petty".

Au cours de la deuxième moitié du XIXe siècle, on assiste à la naissance d'une nouvelle discipline avec les travaux du français Achille Guillard et ceux de son gendre Louis Adolphe Bertillon ; des recherches proches de celles réalisées par la branche française s'effectuent en Hongrie, Norvège, Allemagne, Italie assurant à ce nouveau domaine les échanges et la fécondation mutuelle qui vont conduire la démographie vers une discipline autonome. Les fondateurs de la démographie, tant par la méthode que par l'esprit de synthèse, sont Achille Guillard, inventeur du mot démographie[3] qui apparaît pour la première fois en 1855 dans un ouvrage très remarqué lors de sa parution, *Eléments de statistique humaine ou démographie comparée* et Louis Adolphe Bertillon.

L'intérêt pour les statistiques démographiques se développe en France au cours du XVIIIe siècle. Lors de la deuxième moitié du XIXe siècle, la jonction entre la discipline statistique et les faits de population donne naissance à la démographie et aux démographes. Ces derniers ont en commun leur pratique de la statistique, et souvent leur implication dans la création ou la direction d'Institut de statistiques[4] dans leur pays. Les premiers démographes ont en commun leur intérêt pour la « statistique humaine ». Achille Guillard et Louis Adolphe Bertillon sont proches de la conception de la démographie défendue avant eux par le mathématicien belge Adolphe Quetelet. Ouvert à la sociologie et aux questions de population, on doit à ce dernier le concept « d'homme moyen », être fictif caractérisé par les résultats moyens d'une société à un moment donné.

Achille Guillard propose dans ses *Eléments de statistique humaine ou démographie comparée* trois définitions de la démographie.

---

[3] Le terme population est consacré par Mirabeau en 1757 lors de la publication de *L'ami des hommes ou traité de la population*.

[4] L.A. Bertillon participe à la fondation de la Société de Statistiques de Paris en 1860 ; en Hongrie, Körösi dirige le Bureau de statistiques de la ville de Pest ; en Norvège, Kiaer prend en 1877 la direction du Bureau de statistiques du Ministère de l'Intérieur.

Elle est appréhendée comme :
- une histoire naturelle et sociale de l'espèce humaine
- une connaissance mathématique des populations, de leurs mouvements généraux, de leur état physique, civil, intellectuel et moral
- une loi de population

Lors du premier cours de démographie donné en 1875 en Faculté de médecine, L.A Bertillon privilégie la seconde définition proposée par A.Guillard. Le couplage démographie-statistique marque dès lors l'approche des faits de population faisant courir à cette science naissante le risque de la réduire à une branche de la statistique générale. Tirées du champ de la fatalité au cours des XIXe et XXe siècles, la mortalité et la fécondité allaient par leur évolution pousser la démographie vers les sciences sociales et humaines, lui accordant ainsi une place à part entière.

En France, Jacques Bertillon (1851-1922), fils de Louis Adolphe, défendra avec vigueur une politique démographique de soutien à la fécondité, en réaction à la baisse de la natalité française face à l'expansion démographique allemande. Avec lui s'opère selon Michel Louis Lévy « l'identification spécifique à la France, de la démographie au natalisme », ainsi que l'enracinement des débats sur l'immigration dans la jonction entre le natalisme et le nationalisme[5]. Les débats sur l'immigration et sur l'identité nationale qui resurgissent en France à la fin du XXe siècle, renouent avec le siècle précédent et les siècles passés sur le thème de la France colonisée par les étrangers[6].

La spécificité de la situation démographique de la France au XIXe siècle marque, aujourd'hui encore, de nombreux démographes français. Mais l'essor de la science démographique n'est pas dû aux particularismes démographiques français de l'époque. Des réflexions relatives au statut, aux méthodes et aux outils de la démographie se

---

[5] Il crée en 1896 l'Alliance Nationale pour l'accroissement de la population française et propose dans *Le problème de la dépopulation* un ensemble de mesures fiscales visant à restaurer la fécondité en pénalisant les célibataires ou les familles peu nombreuses.

[6] Ainsi Montchrestien, dans son *Traité d'économie Politique* (1616) dédié à Louis XIII, s'oppose vivement à l'entrée d'étrangers en France.

développent au cours des années 1860 dans de nombreux pays d'Europe, assurant à cette discipline naissante le ferment qui allait la conduire vers sa maturité. En Hongrie, Körösi s'intéresse au statut de la démographie (simple dénombrement ou recherche de lois) ; en Norvège, grâce à ses travaux sur la notion de représentativité, Kiaer ouvre la voie à l'usage des sondages qui prendront une place croissante après la deuxième guerre mondiale ; Lexis en Allemagne propose, avec le diagramme qui portera son nom, un mode de représentation essentiel des événements démographiques. Tous ces hommes, de formation initiale diverse, ont en commun leur pratique de la statistique et leur intérêt pour les questions relatives à la population : de cette jonction est née la démographie.

LE DECLIN DES CONCEPTIONS POSITIVISTES ET LA CONSTRUCTION D'UNE SCIENCE HUMAINE ET SOCIALE

Les sciences humaines qui naissent au cours de la deuxième moitié du XIXe siècle sont toutes dominées par le modèle biologique. La sociologie est conçue comme une biologie sociale grossièrement évolutionniste, la psychologie est proche de la physiologie, et la démographie s'inscrit dans la recherche de lois immuables de la nature. Contrairement aux visées d'Emile Durkheim, la démographie ne s'est pas fondue dans la sociologie. Elle s'est progressivement affirmée comme une discipline autonome ayant son objet, ses méthodes, ses outils ; cependant, d'une approche marquée par la physique sociale, elle s'est déplacée vers l'histoire des sociétés, inséparable de la dynamique des populations, elle-même dépendante du mouvement social dans son ensemble. Alors que la mortalité et la natalité avaient présenté durant des siècles une grande stabilité, confortant les constructions positivistes, les bouleversements qui allaient transformer le régime ancien de mortalité éloignaient la démographie de la biologie et la poussaient vers une pluridisciplinarité que souligne, avec force Jean Bourgeois-Pichat[7] : « Parmi toutes les sciences de l'Homme, c'est

---

[7] Jean Bourgeois-Pichat, démographe français, décédé en 1990, année de la disparition d'A. Sauvy, qu'il avait remplacé à la direction de l'INED, l'Institut National d'Etudes Démographiques, en 1962.

la démographie qui peut le moins se passer des autres sciences. (...) la biologie, la sociologie, la psychologie ; (...) l'économie politique pour autant que l'être humain est pendant une période de sa vie un producteur et pendant toute sa vie un consommateur, l'ethnologie (...), l'écologie (...), la philosophie pour autant que les événements démographiques ont un sens ontologique évident. Les mathématiques et la statistique (...), la technologie (...), la géographie, la médecine, l'histoire, le droit, la criminologie, la théologie, la morale, les sciences politiques, la pédagogie se rencontrent toutes un jour ou l'autre avec la démographie ».

L'évolution vers une plus grande maîtrise de la mort puis de la vie allait faire entrer ces phénomènes démographiques dans l'ordre de la culture ; la délimitation du domaine de la démographie, science carrefour, n'en a pas été facilitée. Certains ont résolu le problème par une pirouette, tel Philippe Mouchez qui transpose à la démographie la définition de la recherche opérationnelle proposée par Morse : « La recherche opérationnelle est ce qui est fait par les membres de la société de recherche opérationnelle d'Amérique et ses méthodes sont celles préconisées par le Journal de cette société ». Ainsi, il n'y aurait pas une science démographique mais des démographes. L'objet et la méthode de la démographie sont alors ceux définis par l'INED et sa revue Population. Si l'on se tourne vers la pratique internationale, le dictionnaire démographique de l'ONU définit la démographie comme « une science ayant pour objet l'étude des populations humaines et traitant de leur dimension, de leur structure, de leur évolution et de leurs caractères généraux envisagés principalement d'un point de vue quantitatif ». Le point de vue quantitatif est clairement souligné mais le champ d'investigation est quasiment sans limite. Cette option débouche difficilement sur l'élaboration d'un discours théorique intégrant les différents faits étudiés.

Qu'attendre alors de la connaissance démographique ? Au-delà de la description de l'état d'une population à un moment donné, connaissance structurelle, et de la connaissance des mouvements qui ont conduit à cet état, le démographe s'intéresse aux mécanismes par lesquels les populations humaines assurent leur régulation au sens d'un « ajustement, conformément à quelque règle ou norme, d'une pluralité de mouvements ou d'actes et de leurs effets ou produits que leur diversité ou leur succession rend d'abord étranger les uns aux autres » (G. Canguilhem). Il s'agit pour le démographe de repérer et de comprendre les mécanismes par lesquels les populations humaines se reproduisent, faisant de la reproduction démographique un moment spécifique de la reproduction sociale. L'évolution des populations n'est pas erratique, elle s'inscrit dans le temps, celui de l'histoire des sociétés.

A partir d'une matière première qu'il puise à des sources qui, sans lui être destinées, l'alimentent (Chapitre I), le démographe traite à l'aide d'outils cette information brute, afin de mieux comprendre la réalité. Il fait de l'analyse démographique (Chapitre II à IV). Ces données chiffrées, traitées à l'aide d'outils permettent de décrire le passé, le présent et d'envisager le futur des populations (Chapitre V).

CHAPITRE I
La matière première des études
sur la population
Sources d'information et collecte des données

Notre arbre généalogique plonge ses racines dans un passé lointain. Confronté à l'apparition des premiers hommes sur la terre, l'enregistrement systématique des faits de population date d'aujourd'hui. Cependant l'époque pré-statistique est loin d'être pauvre en informations. Une masse importante de documents divers couvre cette période dont en particulier les registres paroissiaux, source essentielle de la démographie historique, branche de développement relativement récent.

LA DEMOGRAPHIE HISTORIQUE

L'auteur d'un manuel de démographie, publié en 1964, considérait les études de démographie rétrospective comme « des plus délicates à conduire » mêlant le « flair de Maigret et l'esprit déductif de Sherlock Holmes » (Philippe Mouchez). La recherche s'appuie en effet sur des informations émanant de sources multiples, contradictoires parfois. Il s'agit de les recouper, de les confronter afin de s'assurer de leur compatibilité, et de proposer enfin des hypothèses lorsque des choix sont à effectuer. Mais d'importants progrès ont été réalisés dans les années 1950 avec les travaux des fondateurs de la démographie historique, le démographe Louis Henry et l'historien Pierre Goubert qui ont mis au point une méthode d'exploitation des registres paroissiaux, ancêtres de l'état civil.

L'ancienneté des procédures de dénombrement

Les dénombrements, comptage des habitants d'un lieu, sont de pratique très ancienne. Dans l'histoire, les recensements sont la plupart du temps associés aux impôts ou au service militaire. L'étymologie du terme renvoie à censeur, celui qui prélève l'impôt.

Cet acte fondateur de la démarche démographique a d'abord fonctionné, comme le souligne J.M Poursin, comme acte constitutif de la Cité et de l'ordre politique.

Les premières opérations connues remontent à la civilisation sumérienne qui s'étendait aux IVe et IIIe millénaires, du Golfe persique à la Méditerranée. Quelques fragments, épargnés par le temps, nous sont parvenus sous forme d'inscriptions sur des tablettes d'argile[1]. Les administrateurs gravaient à l'aide de roseaux pointus ces tablettes et comptabilisaient ainsi les têtes de bétail, les sacs de grains et les hommes. Vers 2750 av. J.-C., l'Egypte effectua des recensements à finalité fiscale, assortis du principe de déclaration obligatoire. On trouve des traces de telles opérations en Chine dès 2238 av. J.-C., à Rome dès le VIe siècle av. J.-C. ; des trois procédures lancées sous le règne de l'empereur Auguste, la seconde entrera dans l'histoire grâce aux écrits de Saint Luc : « En ce jour là parut un édit de César Auguste ordonnant le recensement de la terre. Et tous allaient se faire inscrire, chacun dans sa ville. Joseph, lui aussi, quittant la ville de Nazareth, monta en Judée, à la ville de David appelée Bethléem, parce qu'il était de la maison de la lignée de David, afin de s'y faire inscrire avec son épouse qui était enceinte ». Jésus naquit ainsi à Bethléem, les personnes recensées devant, à l'époque de l'Empire, se présenter aux autorités du lieu d'origine de leur famille : l'enquêté allait vers l'enquêteur.

Toutes les civilisations anciennes ayant pratiqué des dénombrements étaient dotées de structures administratives fortes. En France, Charlemagne en 786 avait souhaité connaître le nombre des sujets de l'Empire âgés de plus de douze ans mais il faudra attendre le XIVe siècle pour disposer à la demande de Philippe VI de Valois d'un document global sur le « dénombrement des paroisses et des feux des bailliages et sénéchaussées ». La France de 1328 est un pays de quelque vingt millions d'habitants. Cette évaluation est limitée par la notion de « feu », notion sociale et non démographique. Constitué des parents, des enfants et des serviteurs, la composition effective du « feu » varie selon qu'il soit relatif à l'habitat rural ou urbain. Le décompte de 2,5 millions de feux avec une moyenne de 8 personnes

---

[1] Le sumérien est la plus ancienne langue écrite connue.

par feu conduit à une évaluation de 20 millions d'habitants pour la France de 1328. Le renforcement du pouvoir royal affirme le souci d'évaluation de la population dans sa volonté d'enregistrement des données de l'état civil. Avec la Révolution française s'ouvre la période des dénombrements systématiques dont le besoin est codifié dans une circulaire du 4 janvier 1790. Jusqu'alors, priorité avait été accordée aux données de l'état civil fournies par les registres paroissiaux.

Les registres paroissiaux, ancêtres de l'état civil

Louis Henry, l'un des fondateurs de la démographie historique, publie le premier manuel de démographie historique en 1956. Cette science jeune étudie « les populations anciennes particulièrement celles pour lesquelles on ne dispose pas de données statistiques dans les formes modernes ». Parmi l'abondance des documents qui couvrent la période pré-statistique, une place particulière revient aux registres paroissiaux, source fondamentale de cette branche de la démographie. L.Henry et P.Goubert ont eu l'idée d'exploiter de façon systématique les registres des baptêmes, mariages et sépultures tenus par les curés des paroisses. Cette exploitation a permis de connaître la composition et l'évolution de la population française du XVIe siècle à la révolution qui va laïciser l'état civil.

Le démographe se heurte, jusqu'au XVe siècle, au problème d'identification des personnes, difficulté levée lorsque le surnom, qui du XIe au XVe siècle suit le nom de baptême, devient le nom de famille. Le travail de reconstitution des familles nécessaire à toute étude démographique en est alors facilité. Les documents relatifs aux droits perçus par le clergé lors des cérémonies de mariages ou de sépultures remontent, mais de façon très lacunaire, au XIVe siècle. Tenus par les autorités religieuses, ces registres paroissiaux auraient pu fournir davantage un état religieux qu'un état civil de la population mais le poids du catholicisme en Europe était tel que « compter les âmes, c'était compter les hommes ».

Les registres paroissiaux des catholiques deviennent utilisables pour le démographe à partir du moment où « le pouvoir royal a commencé à donner force de loi à des usages depuis longtemps établis par l'Eglise, mais non universellement pratiqués, et à leur donner un caractère de relative uniformité »[2]. Le tournant historique est pris en 1539 avec l'ordonnance de Villers-Cotterêts par laquelle François Ier rend obligatoire l'enregistrement des naissances[3]. Tenus en simple exemplaire, ces registres, et non des feuilles volantes, devaient être envoyés chaque année au Greffe du bailliage ou de la sénéchaussée. L'ordonnance de Blois en mai 1579 étend aux décès et aux actes de mariages l'obligation d'enregistrement et le dépôt annuel des registres au Greffe du tribunal royal le plus proche. Cette pratique sera respectée avec l'ordonnance de Saint-Germain-en-Laye ou « Code Louis » en 1667 qui impose la tenue des registres en double exemplaire, l'un des deux devant être déposé au greffe du tribunal. L'enregistrement des sépultures est aussi imprécis que le sont les textes les concernant. Les sépultures d'enfants, en ces périodes de forte mortalité infantile, sont souvent passées sous silence et ne seront enregistrées avec rigueur qu'à partir de 1714. Dès 1736 seront précisés le jour du décès, le nom et la qualité de la personne décédée, quel que soit son âge. En dépit des imperfections d'enregistrement, on peut, à partir du milieu du XVIIe siècle, trouver des données exploitables, c'est-à-dire homogènes, sur un espace bien délimité, assurant des séries continues. C'est à la suite de la déclaration royale de 1736 entièrement consacrée pour la première fois à la tenue des registres paroissiaux que s'affirme globalement leur fiabilité : il a fallu deux siècles d'ordonnances pour aboutir à des enregistrements satisfaisants des naissances, des décès et des mariages. L'histoire de la population française est donc correctement connue à partir de 1740.

Les registres des protestants existent depuis 1558, mais un arrêt du Conseil d'Etat de 1664 confie officiellement leur tenue aux pasteurs, selon des modalités qui allaient être celles de l'ordonnance de 1667, double enregistrement et dépôt au Greffe. En 1598, après 36 ans de guerres de religion, l'édit de Nantes reconnaît la liberté de culte aux protestants. En garantissant la coexistence entre Français, l'édit de Nantes comporte une dimension politique essentielle. La révocation de

---

[2] M. Fleury et L. Henry : *Nouveau manuel de dépouillement et d'exploitation de l'état civil ancien*. 3ème édition. Editions de l'INED, 1985. p.13.

[3] Par cette ordonnance, François Ier remplace le latin par le français dans la publication des jugements des tribunaux et des ordonnances.

l'édit de Nantes, signée par Louis XIV en octobre 1685, supprime les libertés accordées en 1598. L'interdiction du culte protestant, le climat d'intolérance qui régnait avant même la révocation de l'édit, eurent pour conséquence des conversions de circonstance, l'émigration de quelques 200 000 protestants vers la Prusse, la Hollande ou le silence : il n'est pas bon alors de se déclarer protestant. Le suivi des registres paroissiaux protestants est en conséquence rompu, à l'exception des régions non touchées par l'interdiction du culte réformé, à savoir l'Alsace et le Comté de Montbéliard. La Révolution française reconnaîtra un siècle plus tard le droit à la liberté de conscience avec l'article X de la Déclaration des droits de l'homme et du citoyen « Nul ne doit être inquiété pour ses opinions même religieuses, pourvu que leur manifestation ne trouble pas l'ordre public établi par la loi ».

Ce n'est qu'à la fin du XVIIIe siècle que les ministres du culte israélite furent tenus d'enregistrer les naissances, mariages et sépultures par ordre de l'autorité ecclésiastique dans le Comtat Venaissin et par ordre du pouvoir royal ailleurs. L'édit de Tolérance de 1787 impose la tenue des registres des naissances, mariages et décès mais le décret du 20 juillet 1808 réalise l'uniformisation des données de l'état civil israélite avec celles de l'état civil laïcisé.

Par le décret du 20-25 septembre 1792, les registres de « baptêmes, mariages et sépultures » sont devenus, comme le soulignent Michel Fleury et Louis Henry, les registres de « naissances, mariages et décès » de la société laïque. Propriétés des communes ou déposés aux archives départementales, lorsqu'ils n'ont pas été perdus ou incendiés, ces registres paroissiaux constituent la base de la démographie historique.

Tableau 1 – Rappel des principaux textes législatifs
régissant la tenue des registres paroissiaux

- Ordonnance de Villers-Cotterêts, août 1539 : obligation faite au clergé de tenir des registres paroissiaux sur les naissances.
- Ordonnance de Blois, mai 1579 : extension aux mariages et aux sépultures du dispositif de Villers-Cotterêts.
- Ordonnance de Saint-Germain-en-Laye, dite « Code Louis », avril 1667 : tenue des registres en double exemplaire.
- Déclaration royale de 1736 : précisions apportées au dispositif de 1667 ; homogénéité dans la tenue des registres.

LA DEMOGRAPHIE DANS L'ERE STATISTIQUE

L'enregistrement systématique des données démographiques aux XIXe et XXe siècles, va conduire progressivement vers une meilleure connaissance des populations.

Certaines données permettent d'avoir une vision de la population à un moment donné, une sorte de photographie révélant ce que les démographes nomment l'état de la population à partir d'informations ponctuelles fournies par les recensements, les enquêtes et les sondages. D'autres informations, obtenues grâce aux enregistrements continus d'événements, assurent une vision du mouvement de la population, à partir des sources de l'état civil et des renseignements administratifs.

Aux anciennes préoccupations militaires et fiscales se sont ajoutés, en particulier depuis les années 1950, des impératifs d'ordre politico-administratif et géopolitique. Une fiabilité accrue dans l'enregistrement et le traitement des informations a accompagné le fort développement des données qui correspondent et répondent à une certaine conception de la réalité. Ainsi, selon qu'un pays se considère comme favorisant (cas de la France) ou non (cas de l'ex-RFA) l'établissement de la population étrangère, l'enregistrement des mouvements migratoires peut en porter la marque. Dans les années 1960, la France enregistre correctement les entrées de travailleurs et de leur famille, moins bien les sorties du territoire. La RFA enregistre correctement les entrées et sorties de travailleurs immigrés mais néglige l'enregistrement de l'immigration familiale et de sa participation au marché du travail. La nature des informations produites traduit souvent les intérêts ou craintes propres à certains pays et certaines périodes. Ainsi, les enquêtes conduites et financées par les pays occidentaux dans les années 1960 en Afrique ont alimenté le fantasme de l'explosion démographique et celui du débordement des populations des pays africains vers les pays riches, tout en donnant la mesure de la réalité de la forte croissance démographique africaine, mal connue jusque là. Le ralentissement de la croissance démographique mondiale et la crise économique des années 70 déplaceront les craintes démographiques des pays riches vers l'examen des conséquences de leur propre vieillissement. Un frein est mis aux enquêtes, moins utiles d'ailleurs du fait d'une meilleure connaissance de la population du monde.

Avant d'aborder le recensement et l'état civil, ces « deux mamelles de la démographie » selon Jacques Vallin, soulignons que bien qu'instruments de base de la démographie, ils ne sont pas issus pour autant de cette science : le démographe puise à des sources qui ne sont ni inventées par lui, ni conçues pour lui. Les informations obtenues à partir de ces sources peuvent présenter des limites. Ainsi, lors du recensement, la personne interrogée sur son état matrimonial ne peut se déclarer que célibataire, mariée, divorcée ou veuve ; est exclue une réalité de plus en plus fréquente, la cohabitation hors mariage face à laquelle le recensement reste muet.

La connaissance de l'état d'une population : recensements, enquêtes, sondages

Les données démographiques fournies par les recensements, enquêtes et sondages sont statiques. Elles traduisent la réalité d'une période précise et sont à la base de la connaissance de l'état d'une population.

a) Les recensements

Les informations concernant la population ont longtemps été considérées comme secret d'État et une fois publiées, elles se révèleront sommaires et défectueuses : les deux premiers recensements en Angleterre, en 1801 et 1811, ne s'intéressent pas à l'âge des personnes ; il faut attendre celui de 1841 pour avoir des informations correctes.

La tradition des dénombrements réapparaît dès la fin du XVIIe siècle et se maintiendra par la suite : 1665 en Nouvelle-France (le Québec), 1749 en Finlande, 1750 en Suède et Norvège, 1769 au Danemark, 1790 aux États-Unis, 1801 en Angleterre et en France, 1861 en Italie, 1874 au Japon, 1887 en Russie. Ainsi, la population de l'Europe est correctement connue à la fin du XIXe siècle.

En France, le principe des recensements périodiques est posé au XIXe siècle par la loi du 22 juillet 1791 ; la périodicité de cinq ans, fixée par les ordonnances des 16 et 23 janvier 1822, sera respectée jusqu'à la Deuxième Guerre mondiale à l'exception des périodes de guerre.

Trois dates importantes sont à rappeler : la loi de juin 1954 qui pose le secret statistique, l'informatisation de la procédure de dépouillement des données en 1962, enfin l'intervention de la Commission Nationale de l'Informatique et des Libertés créée en 1978 qui s'assure, par l'examen du questionnaire qui va être soumis à la population, du respect de certains interdits propres à chaque nation. Le recensement de mars 1999 constitue le 33ème recensement français et le huitième depuis la dernière guerre (1946, 1954, 1962, 1968, 1975, 1982, 1990, 1999). Organisé depuis 1946 par l'Institut National de la Statistique et des Études Économiques (INSEE) qui prépare, contrôle et exploite le recensement et en liaison avec le maire de chaque commune, le recensement général de la population vise trois objectifs : connaître l'effectif de la population légale des unités administratives, la composition démographique et professionnelle de la population et les caractéristiques de l'habitat. Il constitue l'information de base des travaux de prévision ainsi qu'un support à l'action du gouvernement et des acteurs économiques et sociaux. Les responsables politiques, administratifs, syndicaux, les mouvements associatifs s'appuient sur les données des recensements, mais le premier utilisateur scientifique des recensements est le démographe. L'exigence de ce dernier est de compter les individus une seule fois alors que le maire peut avoir intérêt à compter les malades hospitalisés, les appelés, les élèves internes, si sa commune possède un hôpital, une caserne, un internat. L'importance de la population légale des communes joue sur les modes d'élection ou de représentation, sur le nombre des emplois communaux autorisés, sur les règles d'adjudication des marchés, sur la création des pharmacies. La liste serait longue, quelque deux cents textes législatifs ou réglementaires prenant appui sur la population légale. La distinction est donc faite entre la population légale des communes avec doubles comptes et la population sans doubles comptes. Selon l'INSEE, «*La population municipale* comprend les personnes vivant dans les logements ou des collectivités de la commune, ainsi que les personnes sans abri ou vivant dans des habitations mobiles.

La population comptée à part comprend :
- les militaires et les élèves internes de la commune et qui n'ont pas de résidence personnelle dans la commune ;
- les détenus vivant dans les établissements pénitentiaires de la commune ;
- les personnes sans domicile fixe rattachées administrativement à la commune, mais recensées dans une autre commune ;
- les personnes vivant dans une collectivité d'une autre commune et ayant déclaré avoir leur résidence personnelle dans la commune ;
- les étudiants recensés dans une autre commune et ayant déclaré avoir une autre résidence personnelle dans la commune. »

Les double compte retiennent les trois derniers groupes définis ci-dessus ainsi que le groupe des militaires et élèves internes.

La population totale est la somme de la population municipale et de la population comptée à part.

La population sans doubles comptes est la population totale moins les doubles comptes.

Les questionnaires, feuille de logement et bulletin individuel, sont élaborés dans un souci de clarté, de simplicité et de respect de la norme culturelle. Ainsi, en France, les questions ne peuvent porter sur les revenus, l'appartenance religieuse et plus largement sur des questions d'opinion ce dont s'assure la CNIL avant tout démarrage de l'opération. Distribués et collectés par des agents recenseurs, les documents sont ensuite dépouillés selon une procédure qui assure l'année même du recensement la publication de résultats provisoires. L'obligation de réponse au questionnaire, tout refus étant sanctionné par la loi pénale, a pour contrepartie le secret. Le résultat final est authentifié par décret. En dépit du sérieux qui entoure la préparation d'un recensement, les erreurs sont estimées de 1 à 2%. Le mauvais classement des résidences principales constitue la cause majeure des omissions de personnes, erreurs auxquelles s'ajoutent les omissions de logements, de communautés, de doubles comptes, de déménagement pendant la période du recensement enfin, en dépit de l'obligation de réponse, du refus de certaines personnes de se faire recenser. Des opérations de contrôle sur échantillon permettent des vérifications et le cas échéant, des corrections. Ainsi au 08/03/1999 la population légale de la France sans double compte comptait 60 186 184 dont 58 518 748 pour la France métropolitaine, résultats authentifiés par le décret du 29 décembre 1999 et publié au J.O du 30 décembre 1999. Ce résultat est à apprécier à quelque 600 000 personnes près, précision qui satisfait pleinement le démographe soucieux de dégager des tendances significatives. Les données de nature démographique, économique et sociale tirées du recensement sont exclusivement structurelles. Le rôle de l'INSEE est essentiel dans la diffusion des informations et dans l'analyse des données[4]. L'INSEE réalise en particulier les projections démographiques indispensables aux prises de décision.

Le 33ème recensement de 1999 serait, semble-t-il, le dernier classique de l'histoire des recensements français. Il sera remplacé par des photographies partielles mais annuelles ; la première opération pourrait débuter en septembre 2001. Démographes, géographes, utilisateurs du recensement, élus sont engagés dans un large débat à propos de cette nouvelle méthode que ses partisans qualifient de rénovation. Si gagner en «fraîcheur» de l'information semble, selon M.Bussi, l'idée forte de l'INSEE, des critiques apparaissent tenant aux inégalités de traitement des villes selon leur taille, moins de 10 000 et plus de 10 000, les premières étant couvertes à 100% tous les cinq ans, les secondes ne l'étant qu'à 40% en contradiction avec l'approche en terme de « territoire de projets » privilégiant l'intercommunalité dans la gestion territoriale. La fin de l'exhaustivité s'accompagnera sans doute d'une augmentation du taux de refus. Quelle sera la validité d'une photographie établie à partir de cinq dates différentes ? Comment suivre les migrations entre des communes sondées sur cinq ans ? Comment saisir l'évolution de la mobilité spatiale au cours des cinq ans, de nouvelles implantations dynamisantes dans la zone effectuées après le sondage ? Fraîcheur et finesse de l'information peuvent-elles coexister ?

Les recensements suscitent de plus en plus de réserves de la part des personnes interrogées qui répondent avec moins de précision ou refusent d'ouvrir leur porte. La méfiance vis-à-vis de l'administration

---

[4] Diffusion dans ses annuaires (Annuaires Statistiques de la France, Annuaires Statistiques Régionaux) et publications (Économie et Statistique, revues régionales) et par le réseau d'Observatoires Économiques Régionaux.

et les craintes de fichage contrebalancent les potentialités offertes par l'informatique. Le démographe Alain Blum va jusqu'à penser que le travail du démographe pourrait changer dans les années futures du fait de « la tendance au refus du contrôle de l'État sur l'enregistrement de sa vie privée ». Le problème du recensement se pose en Allemagne ; des groupes de pression ont fait renoncer au recensement prévu en 1981 qui n'aura lieu qu'en 1997, il n'y en a plus au Pays-Bas et en Belgique où l'on travaille sur la mise à jour continue des registres locaux de population. La méfiance à l'égard des statistiques se renforce toujours dans les périodes de crise.

La qualité des recensements est très variable. En 1950, il existait encore beaucoup de « terres inconnues » démographiques. En Chine, le premier recensement dont les résultats furent très contestés, ne date que de 1953. Pour certains pays les insuffisances statistiques ne sont qu'une des expressions du sous-développement lui-même. Les populations d'Afrique, d'Asie (exception faite de l'Inde et du Japon), d'Amérique latine, n'ont été connues qu'au XXe siècle sous l'impulsion et avec l'aide de la SDN, puis au lendemain de la Deuxième Guerre mondiale, de l'ONU. Dans de nombreux pays africains les premiers recensements ne remontent qu'aux années 1970, voire 1980. La recherche démographique en Afrique a été durablement marquée par les problèmes de collecte des données. La connaissance des populations a pu s'appuyer dès la fin du XIXe siècle sur les recensements et l'état civil dans les pays tels le Maroc, l'Algérie, la Tunisie, la Libye et l'Égypte ; la situation des pays du sud du Sahara est moins bonne, bien que diverse. Le degré d'indépendance des recensements vis-à-vis des autres administrations, en particulier fiscale, conduit à distinguer les territoires sous domination britannique, des territoires sous domination française. Dans ces derniers, leur utilisation à des fins fiscales ou de recrutement enlève aux recensements une grande part de leur crédibilité ; les enquêtes par sondage ont comblé longtemps ces insuffisances, bien après l'indépendance des pays. L'institutionnalisation de recensements périodiques dans les pays anglophones a facilité la poursuite des dénombrements systématiques. Les difficultés qui accompagnent la mise en place d'opérations de recensement sont l'expression de multiples facteurs dont les effets négatifs se cumulent bien souvent. L'organisation et le déroulement d'un recensement supposent réunies un certain nombre de conditions. Au préalable, afin que les populations perçoivent l'utilité de cette démarche, il faut qu'un réseau administratif de droits et de devoirs soit en place ; il faut une organisation administrative de bonne qualité, un niveau d'instruction suffisant des populations, des agents compétents, en nombre suffisant et disponibles, des conditions socio-économiques favorables (une population stable, relativement concentrée sur un territoire bien desservi par un réseau de voies de communication ...), autant de conditions qui la plupart du temps ne sont pas réunies.

Nous allons illustrer la diversité de qualité des recensements dans les pays en voie de développement par deux pays, l'un riche d'une expérience ancienne, l'Inde, l'autre soumis dans le décompte de sa population aux turbulences politiques avant et depuis son indépendance, le Nigeria.

Le recensement indien est reconnu comme l'un des plus sûrs au monde, avec des erreurs estimées à 1,8% en dépit du gigantisme de l'opération. Sixième recensement de l'Inde indépendante, le recensement de 2001 a été effectué sur la base de 16 langues, il a mobilisé 2,4 millions de fonctionnaires[5] qui ont couvert 650 000 villages et 5 500 villes répartis sur plus de 3 millions de km² ; 1,02 milliards d'Indiens ont eu à répondre à 23 questions. De nouvelles questions tentent de cerner les grandes évolutions de la société indienne (temps de transport du lieu de résidence au lieu de travail, comptabilisation des bidonvilles qui explosent autour des grandes cités, l'âge au mariage de l'homme et non plus seulement celui de la femme dans une Inde où le nombre d'hommes excède celui des femmes, décompte des personnes handicapées et recensement des sans logis la dernière nuit du recensement, le 28 février). M. Bose, professeur de démographie à New Delhi, expliquait en 1991 les bons résultats des recensements indiens par l'ancienneté de la procédure (le premier recensement en 1871 remonte à la colonisation britannique et l'opération a lieu depuis tous les dix ans) et par les conditions historiques de leur mise en place. « Parce que l'histoire de nos recensements est vieille de cent ans, depuis l'époque où ils étaient

---

[5] Le recensement de mars 1999 en France a mobilisé 115 000 agents recenseurs pour une population de 60 186 184 personnes.

effectués sous les ordres du Rajah - grand vassal de la couronne dans l'Inde britannique - qui terrifiait la population, il n'est pas un village, même dans les régions les plus reculées (...) qui ne sache ce qu'est un *îmardam sumaria*" (en ourdou « le compte des hommes » (…) et parce que c'est une initiative du gouvernement, ils veulent tous enregistrer leur nom. Contrairement aux Etats-Unis ou à l'Allemagne, où le recensement est perçu comme une ingérence du gouvernement dans la vie privée, ici tout le monde veut être compté, (…) plus ils sont pauvres, et plus ils sont enthousiastes pour inscrire leur nom (…). C'est ainsi que, plus ils sont loin, plus ils sont d'accès difficile, plus ils sont illettrés, et meilleures sont les données »[6]. Si la dimension oppressive léguée par l'histoire joue sans doute dans la mémoire collective des campagnes, l'espoir d'une aide gouvernementale, et de pouvoir faire valoir des droits, favorise également la participation de la population déshéritée qui a le sentiment d'officialiser, par sa participation, ses propres difficultés et de les faire ainsi reconnaître. Cependant, lors du dernier recensement, en dépit de la confidentialité des informations, les couches les plus aisées de la population ont opposé une résistance aux agents recenseurs par crainte d'une intrusion du fisc dans leur vie privée. Une réaction vive de la part des prostituées s'est également manifestée, refusant d'être assimilées à la catégorie des mendiants. La situation politique au Cachemire ainsi que le tremblement de terre au Gujarât ont entaché les résultats de ce dernier recensement.

L'histoire des recensements au Nigeria est fortement liée aux turbulences de la vie politique de ce pays et illustre, avec force, l'impérieuse nécessité de disposer d'instituts de statistiques indépendants du pouvoir politique. Les tentatives de dénombrement menées avant novembre 1991 ont été des « fiascos bien connus des autorités nigérianes et des démographes »[7]. Fiascos tels que, pendant les presque trente années qui ont suivi le recensement de 1963, les évaluations effectuées par les organisations internationales dans leurs publications respectives ont conduit à une surévaluation de la

---

[6] Extrait d'un article de M. FINEMAN dans Courrier International, jeudi 23 mai 1991, p. 4.

[7] M.L. LEVY, "Le recensement du Nigeria" n° 272, *Population et Sociétés*, octobre 1992.

population de quelque trente millions de Nigérians. Sur les 120 millions de Nigérians supposés, le recensement de 1991 n'en a compté que 88,5 révélant « trente millions de Nigérians fantômes »[8]. Après le dernier recensement de l'époque coloniale en 1952-53 donnant près de la moitié des sièges de la Chambre des Députés au Nord, en dépit de la dénonciation des résultats par les représentants du Sud, indépendantiste et plus développé, l'organisation d'un recensement fiable a constitué un enjeu essentiel avec l'indépendance, acquise le 1er octobre 1960, à travers la question de la représentation des régions. Le recensement de mai 1962 fut annulé à la suite de multiples dénonciations de fraudes et de résultats pour le moins surprenants.

Celui de 1963, marqué par les rivalités ethniques[9] et financières fut pire, au dire des experts ; il marque cependant l'origine de la surestimation de la population nigériane. En dépit de l'accroissement bien improbable de 10 millions de Nigérians entre 1962 et 1963, les estimations des organismes internationaux s'appuyèrent sur 56 millions de Nigérians en 1963. La période faste du boom pétrolier n'a pas suscité un besoin particulier de statistiques humaines mais, avec le retour des difficultés, l'organisation d'un recensement sérieux, motivé par les élections législatives et présidentielles proches, s'est imposé. Dès 1970, les critères démographiques et d'égalité entre les Etats ont constitué la clé de répartition des revenus de la Fédération. Les résultats des recensements ont toujours représenté un enjeu financier important. Le recensement de 1991 est le premier dénombrement fiable du pays. Trente millions de Nigérians, enfantés par les rivalités Nord/Sud, rivalités inter-ethniques et financières, se sont évaporés. Mais le Sud suspecte à nouveau le pouvoir d'avoir manipulé les résultats au profit du Nord. En 1994, soit trois ans après le recensement, les résultats controversés n'étaient pas encore publiés. Fin juin 1995, la conférence constitutionnelle rejette à une large majorité les résultats. Selon les résultats du recensement, le taux

---

[8] Alan RAKE : "Trente millions de Nigérians fantômes", Courrier International, n° 87, jeudi 2 juillet 1992, p. 22.

[9] La guerre civile, connue sous le nom de guerre du Biafra qui fera selon les estimations de un à deux millions de victimes, éclate en 1967 et durera jusqu'en 1970.

d'accroissement démographique, considéré jusque là comme l'un des plus élevés d'Afrique avec 3,3% serait en fait de 2,1% et si le Nigeria est moins pauvre qu'on ne le pensait (de 250 $, le PNB par habitant s'élève subitement à 338 $), il est par contre plus endetté (sa dette extérieure passe de 280 $ à 384 $ par habitant). On peut en dépit des contestations, considérer que le recensement de 1991 a fait sauter « le dernier gros maillon d'incertitude » de connaissance de la population mondiale.

Fragilité des données et des classements internationaux qu'elles induisent. Les résultats du dernier recensement effectué en Jordanie en 1996 sont restés secrets. Selon un expert informé, les Palestiniens représenteraient aujourd'hui 65% des 4,5 millions de Jordaniens.

Le souhait de Boutros Boutros-Ghali, alors Secrétaire Général de l'ONU, d'ouvrir le Conseil de Sécurité au Nigeria, sur une base, semble-t-il, purement démographique, a dû être révisé si l'on en juge par le renouvellement opéré le 27 octobre 1992, qui a fait entrer le Brésil, Djibouti, l'Espagne, le Pakistan et la Nouvelle Zélande à côté de ceux présents en 1992 qui seront renouvelés en 1993 : le Cap Vert, la Hongrie, le Japon, le Maroc et le Venezuela[10]. Le complexe de Bodin « il n'est de richesse ni force que d'hommes » est loin d'être dépassé. Evaluer le nombre des hommes a de tout temps constitué un enjeu, l'histoire des recensements au Nigeria est là pour rappeler que le mythe de la supériorité numérique peut servir à justifier et à légitimer un pouvoir politique.

b) Les enquêtes et sondages

A partir des données du recensement, on peut reconstituer, pour une date donnée, l'état de la population, c'est-à-dire sa structure, selon certains critères, l'âge, le sexe,... Si cette opération présente l'avantage considérable de l'exhaustivité, elle s'accompagne d'inconvénients à la mesure de cet avantage : elle est lourde à exploiter, onéreuse et les données sont discontinues. Enquêtes et sondages répondent en partie à ces limites et présentent des avantages certains, bien que nul ne soit

---

[10] Parmi les 15 membres du Conseil de Sécurité, dont les 5 permanents, 10 membres sont renouvelés par moitié tous les ans.

tenu de s'y soumettre. Ces procédures, d'un coût moins élevé, peuvent être renouvelées fréquemment, les questions posées peuvent gagner en précision et mieux prendre en compte les évolutions des comportements. Ne touchant qu'un nombre limité de personnes, les questions peuvent mieux cerner un problème, les enquêteurs être mieux formés. L'information ne peut que gagner en finesse et fiabilité même si des sources d'erreurs demeurent. Enquêtes et sondages, bien que non spécifiques à la démographie, constituent une des principales sources d'information de la démographie qualitative portant sur des faits, des intentions ou des jugements de valeur. On doit à Kiaer, statisticien norvégien, les réflexions de fond sur la notion de représentativité sans lesquelles n'auraient pu se développer les enquêtes par sondage. Il a anticipé en particulier ce qui allait devenir la méthode des quotas, dite encore du choix raisonné, et la méthode du choix aléatoire.

Quelles que soient les modalités retenues pour la constitution d'un échantillon, il s'agit de fabriquer « une population miniature qui soit représentative de l'ensemble, donc de remplacer une connaissance exhaustive par une connaissance partielle portant sur une partie de la population, extrapolable à la totalité » (Alfred Sauvy).

Organisée depuis 1954 par l'INSEE, l'enquête « Famille », qui accompagne les recensements en France, s'appuie sur un échantillon de femmes qui ont à répondre à un certain nombre de questions, telles que la date de naissance de tous les enfants, la date de leur mariage actuel, éventuellement la date de leur premier mariage, leur situation conjugale de fait. Depuis 1985, l'INED en collaboration avec l'INSEE, organise une enquête sur les situations et biographies familiales. Les nouvelles formes de famille, peu reconnues par le système officiel de statistiques, parviennent, par le biais des enquêtes, à être mieux connues. Avant 1989, le rang de l'enfant était repéré sur le livret de famille c'est à dire dans le mariage en cours ; seules les enquêtes permettaient de connaître l'âge des femmes à leur premier enfant. Tant que les naissances hors mariage et les divorces étaient peu nombreux, ce mode d'enregistrement par l'état civil se justifiait mais on ne pouvait à partir de lui étudier l'âge de la mère au premier enfant biologique. En 1989, les naissances sont enregistrées à l'état civil selon l'âge de la mère et le rang biologique de l'enfant.

Dans les pays peu développés, les sondages se sont longtemps heurtés au manque de connaissances globales qui gêne la constitution d'échantillons représentatifs et l'extrapolation des résultats à l'ensemble de la population. La complémentarité sondage/recensement n'en est que plus forte. Les enquêtes par sondage effectuées en Afrique à la fin des années 1950 et début 1960 ont permis de combler les insuffisances des recensements et de l'état civil. Alors que les problèmes essentiels étaient liés à la méconnaissance de leur âge par les personnes interrogées, ces enquêtes ont, paradoxe apparent, assuré une connaissance satisfaisante de la structure par âge des populations grâce, entre autres, à la constitution de calendriers historiques (tableau 2) offrant aux personnes les repères temporels leur permettant de dater un événement démographique les concernant.

Tableau 2 - Extrait d'un calendrier historique
(Sénégal, région du Fleuve, département de Matam,
arrondissement de Ourossogui)

Années	Evénements importants ou historiques correspondant aux années de naissance
1911	La grande famine. Recrutement massif des tirailleurs pour la conquête du Maroc
1912	Premier vol d'avion à Saint-Louis
1914	Blaise Diagne nommé ministre des Colonies. Mobilisation : déclaration Première Guerre Mondiale. Hivernage désastreux, un vent violent est venu enterrer toutes les plantes. Epidémie de peste. Mort d'Eugène Gustave Nikola, premier commandant de cercle de Forbio (actuel poste de Laladj). Quintal d'arachides à 5F
1915	Règne de C.V. Elimane Hamadou Sall Dantadj
1917	Mort du grand marabout des Khadryas Serigne Sadibou -Taphsirou Mbo, chef de village de Belinaïbés
1918	Inauguration de la première mosquée de Matam. Epidémie de peste bovine (Thiare) Fin de la Première Guerre Mondiale
1919	Suppression du cercle de Diorbiol qu'on rattache au cercle de Podor Retour de la mobilisation des Saint-Louisiens
1920	Première émission du premier billet de banque. Election Blaise Diagne contre Lamine Gueye et Ngalandou. Quintal d'arachides à 100 F

Source : G. TAPINOS : *Éléments de démographie*, Armand Colin, Collection U, 1985, p. 16.

La connaissance du mouvement de la population : état civil et autres administrations

Les données démographiques produites par l'état civil et par un nombre croissant d'administrations assurent, du fait d'un enregistrement continu des événements démographiques, une vision du mouvement de la population. Ce dernier comprend, au sens large, les événements démographiques qui modifient l'état de la population, soit les décès, les naissances et les migrations. Le sens restrictif est généralement retenu, dans la prise en compte des seuls événements enregistrés par l'état civil. Il s'agit de ce que les démographes appellent le mouvement naturel de la population.

a)   L'état civil

Naissances et décès, déclarés au lieu de leur survenance, comptent parmi les statistiques les plus fiables dans les pays développés. En France, les ministres du culte ont laissé leur place aux maires, officiers de l'état civil de droit, et à leurs adjoints depuis le décret du 20 septembre 1792 et la loi du 28 Pluviôse an III (16 février 1795) qui sécularisent les actes d'état civil. Le cadre législatif pour l'enregistrement des naissances, mariages, décès, divorces, reconnaissances, légitimations et adoptions est très précis : le mode d'établissement des registres, le contenu et la forme des actes relèvent de règles précises. La mission d'enregistrement incombe aux autorités consulaires pour les Français résidant à l'étranger. Le bulletin de décès, contrairement à tous les autres, est anonyme afin de respecter le secret médical. A la fin de chaque trimestre, à l'exception des statistiques de décès envoyées sans délai à la Direction Départementale de l'Action Sanitaire et Sociale, la DDASS, les informations brutes portées sur les registres sont transmises dans la plupart des pays développés à des instituts officiels de statistiques qui les exploitent et établissent les statistiques de l'état civil, encore nommées statistiques du mouvement naturel de la population. Les informations nationales sont ensuite centralisées au bureau des statistiques de l'ONU qui publie chaque année un annuaire démographique mondial.

Dans les pays d'Afrique, l'enregistrement continu des événements démographiques est de pratique relativement récente. Dans de nombreux pays, l'état civil a été institué lors de la colonisation, dans certains, Madagascar par exemple, il lui a préexisté. De tels systèmes fonctionnent presque partout aujourd'hui mais les résultats sont restés longtemps fragmentaires tant au niveau du territoire couvert que des événements. Dans l'Afrique des années 1970, la proportion des naissances enregistrées dépassait rarement 50% du total des naissances, 30% pour les décès et 10% pour les mariages. Les recensements, préconisés par l'ONU tous les dix ans, permettent de compléter les données lacunaires de l'état civil assurant aux démographes les informations nécessaires à la détermination des lois de fécondité et de mortalité.

b)   Les autres administrations

L'apport des administrations va être illustré par l'enregistrement des déplacements de population qui constitue le point faible du suivi des événements démographiques.

Le mouvement naturel s'accompagne de déplacements de personnes à l'intérieur d'un territoire national, migrations internes, ou entre deux pays, migrations dites externes ou encore internationales. Les statistiques des migrations sont loin d'avoir la fiabilité de celles de l'état civil.

Contrairement à la Belgique et aux Pays-Bas qui tiennent des fichiers de population grâce à l'obligation faite aux personnes de déclarer tout changement de résidence et d'indiquer la commune de destination, en France la non-obligation de déclaration entraîne une mauvaise connaissance des migrations internes. La Finlande et les pays scandinaves tiennent des répertoires nominatifs des habitants des communes qui permettent de localiser en permanence la population, et donc d'élaborer des statistiques relativement fiables sur le mouvement de la population.

La migration est « le point délicat de toute description démographique » selon Michel Louis Levy et « le plus difficile à observer » ajoute Georges Tapinos. Outre que la mesure de ce phénomène suppose réglée la question de la définition du migrant, la population migrante peut être appréhendée en tant que stock à un moment donné, ou en tant que flux au cours d'une période. Elle peut être saisie par l'effectif des entrées sur un territoire et par celui des sorties du territoire au cours d'une période. Il s'agit d'apprécier la migration brute mais on peut s'intéresser au solde des entrées/sorties, il s'agit alors de migration nette. Les entrées sur un territoire sont généralement mieux enregistrées que les sorties du territoire, les statistiques des pays d'accueil sont donc généralement plus fiables. Le ratio flux de migrants enregistrés par les pays d'immigration sur les flux enregistrés par les pays d'émigration peut être supérieur à 10 dans certains cas. En 1975, c'était le cas des couples RFA/Espagne, RFA/Turquie, France/Turquie, Suisse/Turquie. De façon générale, les statistiques relatives aux migrations reflètent davantage les besoins des administrations qu'elles n'assurent une qualité d'enregistrement pour l'analyse du phénomène migratoire.

En France, il n'existe pas de système unifié d'enregistrement des flux migratoires. Le Ministère de l'Intérieur publie des statistiques sur le « stock » des titres de séjour en cours de validité, l'Office des Migrations Internationales (OMI), qui a remplacé l'Office National d'Immigration (ONI) en 1987, publie des statistiques sur les entrées d'étrangers, couvrant le recrutement de main-d'œuvre et le regroupement familial ; l'Office Français pour la Protection des Réfugiés et Apatrides (OFPRA) fournit des informations sur les demandes d'asile et les attributions du statut de réfugié. Dans les périodes de crise, les enjeux qui pèsent sur ces mesures ne sont pas toujours clairement énoncés. Les chiffres des évaluations renvoient à la volonté gouvernementale de maîtrise des flux migratoires et aux débats relatifs à l'appréciation de la présence étrangère dans la population dont la mesure ne coïncide pas avec la perception sociologique.

Après la longue parenthèse des années de croissance de l'après-guerre au cours desquelles l'analyse des migrations a été dominée par une logique économique, on retrouve aujourd'hui un intérêt pour le rôle de peuplement de l'immigration, rôle très tôt reconnu par une France en perte de vitesse démographique dans l'Europe du XIXe siècle.

Donc, parallèlement à l'état civil, les administrations constituent une source inépuisable d'informations pour le démographe. Il serait vain de chercher à en dresser une liste exhaustive, soulignons seulement le lien qui unit le développement des données de nature administrative à l'extension du rôle de l'État, particulièrement après la Deuxième Guerre mondiale. Les Ministères du Travail, de la Santé, de la Justice, de l'Éducation Nationale et bien d'autres publient régulièrement des statistiques dont l'usage reste limité aux pays qui les produisent du fait de la disparité des règles administratives.

Les grandes transformations et mutations qui font le changement social sont souvent mal appréhendées par certaines statistiques sur lesquelles le démographe travaille. Recensement et état civil reflètent mal les caractéristiques du type de famille qui se met en place dans les années 70. L'état civil n'enregistre pas les unions de fait. Le rang de naissance des enfants, jusqu'en 1988, n'était indiqué que dans le mariage en cours. La nature des faits enregistrés témoigne d'une vision, d'un ensemble de normes et de valeurs qui peuvent être en décalage avec la société réelle. Les enquêtes permettent alors de s'en rapprocher.

Mais il est d'autres limites dans les chiffres. Quelques exemples, choisis dans le domaine de la démographie, vont souligner la nécessité d'exercer un esprit critique face aux données, afin de ne pas tomber dans des pièges plus ou moins grossiers.

POUR CONCLURE : L'IMPERIEUSE CRITIQUE DES DONNEES STATISTIQUES

Joseph Klatzmann, dans un ouvrage[11] ou l'humour accompagne et stimule la réflexion, propose une typologie des pièges statistiques :

1- Les erreurs grossières de présentation
2- Les statistiques fausses ou trompeuses
3- Les erreurs d'interprétation
4- Les comparaisons et les corrélations trompeuses
5- Les prévisions risquées
6- Problèmes complexes et paradoxes.

---

[11] J.Klatzmann, *Attention, statistiques !*, La Découverte/Essais, nouvelle édition 1992, en particulier p.47 à 83.

Chacune de ces rubriques pourrait trouver illustration dans le champ de la démographie. Nous allons, à travers trois cas, examiner la proposition générale selon laquelle, face aux statistiques, des précautions de bon sens et d'ordre conceptuel s'imposent.

Certains bruits suscitent un intérêt d'une nature telle que la réflexion est pour ainsi dire éliminée, tel est le cas des effets supposés de la fameuse panne d'électricité de New York en 1975. Certains doivent déjà de se dire « Ah oui, celle qui provoqua une augmentation des naissances neuf mois plus tard ! ». Véritable aubaine pour les gouvernements à la recherche d'incitations natalistes... quelques pannes d'électricité et le spectre de la dépopulation s'éloignerait. De fait, le bruit n'est en rien confirmé par la réalité, comment pourrait-il en être autrement dans une ville où le contrôle des naissances est largement pratiqué ? Ou encore ce commentaire de film, cité par J. Klatzmann « Dans cette région, l'espérance de vie est de 37 ans, cette grand-mère de 35 ans a donc encore deux ans à vivre » et J.Klatzmann d'ajouter « Qu'aurait donc dit le commentateur si cette grand-mère avait eu 40 ou 50 ans ? ». Si les exemples suivants suscitent moins le sourire, ils ont pour objet d'attirer l'attention sur les risques liés à une lecture hâtive des données.

Pyramide des âges

Figure1 - La pyramide des âges de la population turque
d'après le recensement de 1945

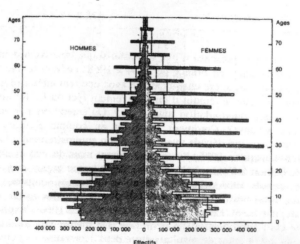

Une telle discontinuité d'effectifs selon les âges ne peut traduire des événements démographiques réels. Elle supposerait des pics de naissances tous les cinq ans. En effet, l'examen rapide de cette pyramide fait apparaître, en particulier au-delà de 20 ans (générations nées avant 1925), une concentration des effectifs aux âges se terminant par 0 et 5. La mauvaise connaissance que les personnes ont de leur âge, dans l'absolu ou par rapport au calendrier occidental, se traduit par des réponses concentrées sur les chiffres 0 et 5 ; d'où l'allure saisissante et irrecevable de cette pyramide dont le profil est corrigé par les traits fins verticaux.

Rupture de tendance ?

Tableau 3 - Naissances vivantes en France (INSEE)

Années	Effectifs en milliers
1964	874,2
1965	862,3
1966	863,5
1967	840,6
1968	835,8

Cette série statistique, relative aux naissances vivantes en France de 1964 à 1968 fait apparaître une diminution régulière des naissances vivantes chaque année avec une remontée isolée en 1966 : est-elle l'expression d'un mouvement réel ou d'un effet statistique ? Qu'entend-on par naissances vivantes ? Comment prend-on en compte l'enfant né vivant mais qui décède avant son enregistrement à l'état civil ? En France, jusqu'en 1966, l'enfant né vivant mais décédé avant sa déclaration à l'état civil, est enregistré comme enfant mort-né. Or, depuis 1966, la série « naissances vivantes » comprend les faux mort-nés, enfants nés vivants mais décédés avant leur enregistrement à l'état civil. Le gonflement des effectifs en 1966 s'explique par cette modification de définition. De même, des évolutions importantes entre deux recensements peuvent traduire, dans certains cas, des améliorations de procédés dans la collecte des données, « effet qualité », et non des mouvements réels ayant affecté la population.

Les « trente millions de Nigérians fantômes » illustrent également de façon saisissante qu'une statistique produite n'est pas forcément la traduction chiffrée d'une réalité.

Descendance finale, mémoire et norme culturelle

Dans les pays peu développés, les enquêtes pallient les insuffisances de l'état civil, en particulier grâce à des questions rétrospectives. On peut obtenir ainsi des informations sur la descendance des femmes. Une enquête conduite au Tanganyika en 1948, auprès des femmes indo-pakistanaises non célibataires, a permis de connaître le nombre moyen de naissances vivantes par femme selon les catégories d'âge au dernier anniversaire (tableau 4).

Tableau 4 - Naissances vivantes
par femme selon l'âge (Tanganyika 1948)

Ages	Nombre moyen de naissances vivantes	Ages	Nombre moyen de naissances vivantes
15-19	0,559	50-54	5,371
20-24	1,533	55-59	4,631
25-29	3,069	60-64	4,235
30-34	4,483	65-69	4,402
35-39	5,427	70-74	4,129
40-44	5,907	75-79	4,477
45-49	5,786	80 et +	3,488

Si l'on commente sans précaution ce tableau, on affirmera que les générations de femmes nées avant 1903 ont de moins en moins d'enfants, et ce d'autant plus que la génération est ancienne. On aurait affaire à une transition démographique à l'envers, ce que l'on sait pertinemment faux. Bien des facteurs peuvent expliquer cette sous-estimation du nombre de naissances vivantes. Les défaillances de la mémoire liées à l'âge semblent agir dans ce cas.

Dans des pays où l'âge au mariage est précoce, où la mortalité infantile est importante, les femmes ne se souviennent plus, vers la fin de leur vie, du nombre précis d'enfants mis au monde. Des corrections sont alors nécessaires, à partir de différents procédés, notamment par des enquêtes fréquentes avec chevauchement des périodes d'observation.

Au XVIe siècle, Montaigne ne sait plus très bien combien d'enfants il a perdu en bas âge. La mort des jeunes enfants est si fréquente que les parents ne s'attachent pas trop à eux et vivent ces décès comme une fatalité de l'existence.

En conclusion de ce chapitre, nous rappellerons que la démographie repose sur la description statistique des populations du point de vue de leur état et de leur mouvement ; à ce titre, les recensements, l'état civil et de façon croissante les enquêtes et sondages constituent les principales sources d'informations pour le démographe qui doit souvent ses données à une volonté extérieure à la démographie.

CHAPITRE II
La caisse à outils du démographe

La croyance des libéraux dans les automatismes naturels s'accompagne d'une méfiance envers toute intervention démo-économique qui va jusqu'à nier la nécessité de « savoir comment toucher » (Alfred Sauvy). Le besoin de connaissance est le reflet qu'une société a de son propre fonctionnement et de son mode de régulation : la démographie est restée négligée durant toute la période libérale.

Roland Pressat définit l'analyse démographique comme une « forme d'analyse statistique adaptée à l'étude des populations humaines (…) elle s'empare des données brutes contenues dans les tableaux fournis par les recensements, les relevés d'état civil et éventuellement les relevés ou enquêtes spécifiques ; elle transforme ces données pour, entre autres choses, déboucher sur des tables diverses (…) et préciser les modalités quantitatives selon lesquelles les populations se renouvellent. Une distinction fondamentale domine tous les travaux d'analyse démographique, celle qui existe entre analyse longitudinale et analyse transversale »[1]. Ce chapitre présente les deux approches que sont l'analyse longitudinale et l'analyse transversale. A leur représentation à partir du diagramme de Lexis, nous rattacherons les deux outils de base que sont les taux et les quotients.

LE TEMPS DU DEMOGRAPHE

Le démographe peut privilégier l'examen d'un phénomène à un moment donné (la nuptialité en 2001 en France) ou s'intéresser au suivi d'un phénomène dans le temps (la nuptialité dans la génération féminine née en 1950 en France). L'analyse est dite transversale, ou analyse du moment, dans le premier cas et longitudinale, ou analyse par cohorte, dans le second cas.

Le diagramme de Lexis constitue un support graphique permettant de présenter des données correspondant à ces deux types d'analyses.

---

[1] Roland Pressat : *Dictionnaire de démographie*, PUF 1979, p. 8-9.

L'analyse longitudinale et l'analyse transversale

Historiquement, pour des raisons liées à l'enregistrement des données, l'analyse transversale a précédé l'analyse longitudinale, mais il est pédagogiquement fondé de présenter tout d'abord l'analyse qui repose sur le suivi d'une génération.

L'analyse longitudinale s'appuie sur la notion de cohorte « ensemble de personnes ayant vécu un même événement démographique durant une période donnée, généralement une année civile »[2] au sein de laquelle le démographe suit l'apparition d'un événement. La cohorte, terme générique, prend des noms spécifiques pour certains événements ainsi, une cohorte de naissances porte le nom de génération, une cohorte de mariages celui de promotion. L'analyse longitudinale est confrontée à deux types de problèmes que nous ne ferons que soulever afin de souligner les spécificités d'une approche par cohorte. Les phénomènes observés peuvent correspondre à des événements renouvelables ou non renouvelables, et par ailleurs un phénomène doit pouvoir être saisi à l'état pur, en l'absence de phénomène perturbateur.

Un événement non renouvelable ne peut être subi par un individu qu'une fois : par excellence, la naissance, le décès, mais également un premier mariage, un deuxième enfant … Un événement renouvelable peut être subi plusieurs fois par le même individu : le mariage, la naissance d'enfants, la perte d'un emploi … Un événement est donc renouvelable ou non renouvelable, soit par nature soit du fait de l'introduction ou non d'un ordre dans l'apparition de l'événement. La constitution de la cohorte s'effectue par rapport à un événement-origine qui a permis l'apparition du phénomène étudié. Ce dernier est alors appréhendé par son intensité et son calendrier. L'intensité se mesure par le nombre moyen d'événements par individu en cas d'événements renouvelables ou, si l'événement est non renouvelable par la proportion d'individus de la cohorte touchée par l'événement. Le calendrier fournit la distribution de la durée écoulée entre l'événement origine et l'événement suivi.

---

[2] Roland Pressat : *Dictionnaire de démographie*, précité, p. 26.

Un phénomène n'est jamais saisi à l'état pur, des phénomènes perturbateurs interfèrent avec celui que le démographe voudrait pouvoir isoler : ainsi, les migrations constituent un phénomène perturbateur dans l'étude de la mortalité d'une génération ; les décès deviennent à leur tour perturbateurs dans l'étude de la nuptialité des célibataires ; inversement, les décès perturbent l'étude des migrations, la nuptialité celle de la mortalité des célibataires. Un phénomène démographique est perturbateur non par nature mais en fonction de son effet sur le phénomène étudié. Il faut alors reconstituer de nouvelles séries à partir des séries observées afin de saisir le phénomène à l'état pur.

L'analyse transversale, appelée également de façon plus suggestive analyse du moment, étudie un événement démographique au cours d'une période donnée, le plus souvent une année de calendrier. On s'intéresse à un événement touchant une population, par exemple les naissances chez les femmes de 15 à 49 ans en 2001 en Italie, ou encore les décès aux différents âges en 2001 en Allemagne. Les études transversales s'appuyant sur des données relatives à une ou plusieurs années ont été les premières réalisées et répondent à des préoccupations liées à une connaissance du présent. L'approche longitudinale suppose le suivi d'une génération jusqu'à l'occurrence complète du phénomène observé. Il faudra attendre une centaine d'années pour suivre les décès dans une génération et pour connaître l'espérance de vie d'un individu de cette génération. L'intérêt porté à l'actualité démographique accorde une priorité à l'approche transversale. Le démographe veut pouvoir caractériser les conditions du moment et, pour suivre l'exemple précédent, calculer l'espérance de vie pour une année donnée. Mais il est face à une centaine de générations caractérisées par des effectifs dont le poids aux différents âges constitue une structure de population spécifique. Il faut pouvoir éliminer les effets de la structure par âge, ce à quoi répondent les méthodes de la cohorte fictive et de standardisation. La construction d'une cohorte fictive constitue un artifice par lequel le démographe substitue à une répartition à un moment donné d'un événement selon les âges, une répartition dans le temps. On suppose par exemple que le comportement de procréation des femmes d'âges différents à un moment donné est celui d'une génération de femmes ayant ces mêmes comportements aux mêmes âges : on affecte donc les taux de fécondité par âge observés une année donnée à une génération fictive dont les individus sont supposés avoir les mêmes comportements que ceux observés.

On peut ainsi calculer des indicateurs d'intensité et de calendrier du phénomène observé qui vont caractériser les conditions du moment. Les indices ainsi calculés sont délicats à interpréter, comme nous le montrerons ultérieurement à propos de la fécondité. Nous ne faisons qu'évoquer les méthodes de standardisation qui seront développées lors de l'analyse de la mortalité. Elles visent à éliminer les effets de structure qui agissent sur les données transversales afin d'isoler les conditions propres au phénomène étudié. Ainsi, on ne peut déduire de l'égalité des taux de mortalité de deux pays l'identité des conditions sanitaires. Si l'on a affaire à un pays jeune et à un pays vieux, leur taux de mortalité porteront le poids de leur structure par âge.

Le diagramme de Lexis

Ce diagramme prend en compte le temps propre aux événements démographiques. Il permet de représenter et de suivre un grand nombre d'événements concernant des groupes, cohortes ou ensembles de cohortes, de visualiser de façon synthétique un grand nombre d'observations selon les approches longitudinales et transversales, de classer et de répartir les événements selon les années d'observation, l'âge anniversaire de l'événement et donc selon la génération concernée.

a) De la ligne de vie d'un individu à un grand nombre d'observations

L'un des premiers problèmes à résoudre est celui de la définition de l'âge, non au niveau individuel, mais au niveau du traitement d'un grand nombre d'observations. L'âge exact d'un individu se détermine, pour une période d'observation, par référence à sa date de naissance. Lorsque le démographe traite un grand nombre d'événements, l'âge exact n'est plus opératoire. L'âge en *année révolue* facilite les regroupements : les enfants qui n'ont pas encore fêté leur premier anniversaire ont zéro an révolu, le groupe d'âge 20-24 ans regroupe les personnes ayant déjà fêté leur 20ème anniversaire mais n'ayant pas encore fêté leur 25ème anniversaire.

Définition : L'âge en année révolue exprime l'âge au dernier anniversaire.

Quand on observe au cours d'une année les membres d'une génération, ils vont tous fêter leur anniversaire un jour de l'année : c'est la notion d'*âge atteint*.

Définition : L'âge atteint est l'âge auquel sont susceptibles de parvenir tous les membres d'une génération au cours d'une année d'observation. On le détermine par différence entre l'année d'observation et l'année de naissance. Ainsi, en 2000 les personnes nées en 1950 sont susceptibles d'atteindre l'âge de 50 ans :

Age atteint = Année d'observation – Année de naissance

La représentation graphique du temps est figuré par un segment, un jour précis par un point. Ainsi, l'année 2001 qui couvre la période allant du 1er janvier 2001 au 31 décembre 2001, et le 1er mars 2001 se représentent comme suit :

```
|_____._____|_____|
 1/1/2001       1/3/2001                           31/1/2001
   ◄ ------------------------ Année 2001------------------------►
```

La représentation de la ligne de vie d'un individu (figure 2) permet de suivre les événements démographiques qui le concernent selon les deux dimensions de temps que sont le temps de calendrier et l'âge anniversaire. En reportant sur un système d'axes orthonormés le temps de calendrier en abscisses et l'âge en ordonnées, à tout point de la bissectrice correspond l'écoulement d'une durée identique sur les deux axes.

Figure 2 - Ligne de vie d'un individu

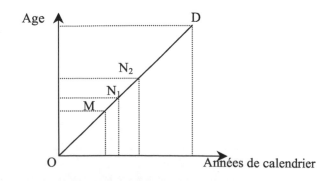

OD, la ligne de vie d'un individu, permet de représenter selon les deux dimensions de temps, années de calendrier et âge, les événements démographiques qui le concernent : de sa naissance (O) à son décès (D), point mortuaire, on peut situer son mariage (M) la naissance de ses enfants (N_1) et (N_2) et tout autre événement le concernant.

Lexis généralise le principe de la ligne de vie d'un individu à un grand nombre d'observations figurées par des milliers de points-événements contenus dans des surfaces dont le profil reste à préciser. Les lignes de vie individuelles disparaissent pour ne laisser apparaître qu'un réseau de droites parallèles à la bissectrice principale partant d'un point-origine, 1er janvier d'une année ; deux parallèles consécutives délimitent un couloir dans lequel s'inscrivent toutes les lignes de vie d'une génération.

La construction du diagramme consiste, à partir d'un système d'axes orthonormés, à quadriller l'espace par le tracé d'horizontales partant des âges portés en ordonnées, et de verticales partant des 1er janvier des années de calendrier. Un réseau de parallèles à la bissectrice principale contient toutes les lignes de vie des individus composant les générations successives (figure 3).

Figure 3 - Schéma de base d'un diagramme de Lexis

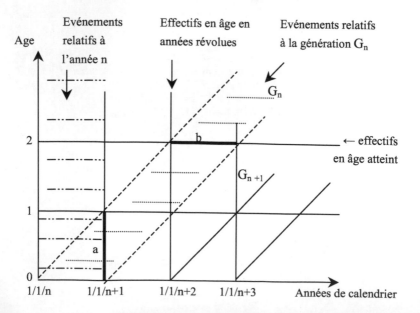

Les effectifs d'un âge en année révolue, donc observés au 1er janvier d'une année (ou à toute autre date), seront portés le long du segment vertical partant du 1er janvier de l'année (ou à une autre date). L'effectif reporté exprime le nombre de lignes de vie qui traverse le segment vertical correspondant au jour de l'observation et à l'âge considéré : ainsi, sur la figure 3, a est l'effectif de zéro an révolu de la génération G_n, observé au $1/1/n+1$.

De même, les effectifs observés à un âge atteint seront portés sur le segment horizontal correspondant à cet âge au cours d'une période d'observation. Sur la figure 3, b est l'effectif de 2 ans âge atteint par la génération G_n, observé au cours de l'année $n+2$.

Les événements relatifs à une génération se trouvent à l'intérieur de la zone délimitée par les deux diagonales partant du 1er janvier de l'année considérée et du 31 décembre de la même année ou du 1er janvier de l'année suivante : entre les diagonales partant du $1/1/n$ et du $1/1/n+1$, on reportera les événements relatifs à la génération G_n.

Les événements relatifs à une période d'observation, ainsi l'année n, se trouvent dans le couloir délimité par les deux verticales partant du 1er janvier de l'année n et du 1er janvier de l'année $n+1$.

Les effectifs observés au cours d'une année, donc en âge atteint, se reportent sur des segments horizontaux, ceux observés à une date précise (1er janvier ou autre date) sont reportés sur des segments verticaux.

b) *Les quatre types de couplage année*
    d'observation / âge anniversaire / génération

Le principe de construction posé, il importe de comprendre la signification des données reportées à l'intérieur des surfaces délimitées par ces diagonales, horizontales et verticales (figure 4).

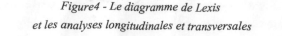

Figure4 - Le diagramme de Lexis
et les analyses longitudinales et transversales

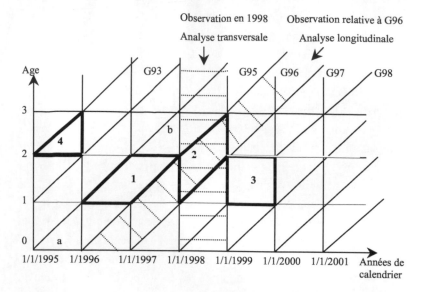

L'effectif à la naissance de la génération née en 1995 s'inscrit sur le segment a. Au 1er janvier 1998, cette génération a deux ans révolus, l'effectif se reporte en b. Les figures géométriques représentées ci-dessus, notée de 1 à 4, traduisent l'ensemble des situations repérables sur un diagramme de Lexis.

- *La figure 1* contient les événements démographiques relatifs à une génération (1995), se produisant à un certain âge en années révolues (un an révolu), observés nécessairement sur deux années de calendrier (1996 et 1997).
- *La figure 2* contient les événements relatifs à une génération (1996) se produisant à deux âges successifs (1 et 2 ans révolus), observés sur une année (1998).
- *La figure 3* contient les événements relatifs à deux générations (1997 et 1998) se produisant à un âge en années révolues (1 an révolu), observés sur une année (1999).
- *La figure 4* représente les événements relatifs à une génération (1993) se produisant à un âge en années révolues (2 ans révolus), observés sur une année (1995).

Ce diagramme permet d'associer une vision historique et une approche structurelle en intégrant une analyse de flux et une analyse de stock.

UNE OUVERTURE SUR LES TAUX ET LES QUOTIENTS

Les taux et les quotients, fréquemment utilisés en démographie, permettent de rapporter un nombre absolu d'événements survenus au cours d'une période à une population de référence, mais leur optique n'est pas la même : un taux mesure la fréquence d'apparition de l'événement dans la population, un quotient mesure la probabilité de réalisation de cet événement.

Définition : Un taux rapporte un nombre d'événements survenus au cours d'une période à la population moyenne de la période.

La population moyenne au cours d'une période, par exemple l'année, est donnée par la moyenne arithmétique des effectifs aux deux 1er janvier successifs ou l'effectif au 1er juillet de l'année.

Définition : Dans une cohorte soumise à un phénomène à événement non renouvelable, un quotient rapporte un nombre d'événements survenus au cours d'une période à l'effectif de la population au début de la période. Il mesure la probabilité d'apparition d'un événement au cours d'une période, dans une population non encore touchée par l'événement.

A partir d'un diagramme de Lexis, on peut repérer les données relatives au calcul des taux et des quotients et rattacher ces deux outils respectivement aux analyses transversales et longitudinales. Afin de situer notre propos par référence à un événement démographique, nous illustrerons taux et quotients par les événements décès.

Taux de mortalité à l'âge x en années révolues (figure 5)

Le taux de mortalité m_x, à x ans révolus, rapporte les décès de personnes d'âge x en années révolues, à la population moyenne de x ans révolus au cours de l'année n. Il mesure la fréquence des décès survenus à x ans révolus dans la population du même âge au cours de l'année n. Il s'exprime le plus souvent pour mille individus.

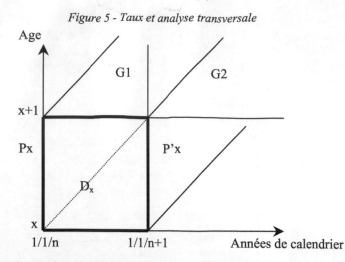

Figure 5 - Taux et analyse transversale

Soit Dx le nombre de décès survenus à x ans révolus, Dx représente le nombre de points mortuaires, fin des lignes de vie de membres des générations G1 et G2, Px l'effectif de la génération G1 de x ans révolus au 1/1/ n et P'x celui de x ans révolus de la génération G2 au 1/1/ n+1.

$$m_x = \cfrac{Dx}{\cfrac{Px + P'x}{2}} = \cfrac{Dx}{Px} \ \text{‰}$$

Un taux par âge, ou par groupe d'âges, se rattache à une analyse transversale. Dans son calcul, deux générations sont concernées. Lorsqu'un taux concerne un événement non renouvelable, on le qualifie de « taux de première catégorie », c'est le cas d'un taux de mortalité ; dans le cas d'événements renouvelables, on parle de « taux de deuxième catégorie », il en est ainsi des taux de nuptialité si l'on ne différencie pas le mariage selon son rang.

Quotient de mortalité à l'âge x (figure 6)

Le quotient de mortalité à l'âge x rapporte les décès survenus entre les âges x et x + a aux effectifs d'âge x. Il mesure la probabilité pour une personne ayant atteint l'âge x de décéder avant l'âge x + a. Comme un taux, un quotient s'exprime le plus souvent pour mille individus.

Figure 6 - Quotient et analyse longitudinale

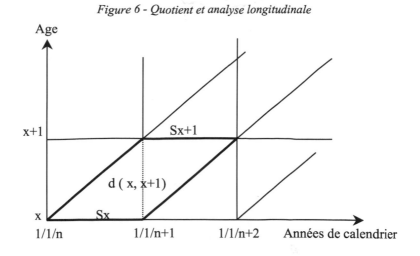

Pour un intervalle a = 1, le quotient de mortalité à l'âge x se note qx

$$q_x = \frac{d(x,x+1)}{Sx} ‰$$

Un quotient se rattache à une analyse longitudinale. Son calcul concerne une génération ou plus généralement, une cohorte.

Remarque : Un taux par âge en années révolues se calcule par référence au cas de figure 3 du diagramme de Lexis alors qu'un quotient relève du cas de figure 1.

Synthèse des taux et quotients

Taux	Quotient
- mesure une *fréquence*	- mesure une *probabilité*
- concerne *deux cohortes*	- concerne une *cohorte*
- est rattaché à une *analyse transversale*	- est rattaché à une *analyse longitudinale*

- dans le diagramme de Lexis :
     * cas de figure du *carré*
	- dans le diagramme de Lexis :
	     * cas de figure du *parallélogramme*

- si événement non renouvelable * taux de *première catégorie*	- concerne un *événement non renouvelable*
- si événement renouvelable * taux de *deuxième catégorie*	

CHAPITRE III
L'analyse des phénomènes démographiques
Mortalité, fécondité, nuptialité, migrations

Les outils et méthodes propres à ces champs d'analyse constituent la matière de ce chapitre assorti d'un point succinct sur l'évolution et l'état actuel de ces phénomènes. L'analyse de la mortalité, longtemps modèle pour l'étude des autres phénomènes, sera de ce fait plus développée que celle de la fécondité, de la nuptialité et des migrations.

L'ANALYSE DEMOGRAPHIQUE DE LA MORTALITE

Les principaux instruments d'analyse de la mortalité sont forgés dès le XVIIIe siècle. Au phénomène démographique mortalité correspond l'événement décès. L'analyse démographique de la mortalité s'appuie sur les événements décès appréhendés à partir de divers taux et quotients. Les limites du taux brut de mortalité lors de la comparaison d'états sanitaires entre pays imposent l'élaboration de méthodes dites de la « population type » et de la « mortalité type ». L'espérance de vie, indice synthétique de la mortalité, dans une génération ou pour une période donnée, se calcule à partir des tables de mortalité qui décrivent la survenance des décès selon l'âge dans une génération. Par référence à ces outils, nous situerons à grands traits l'évolution de la mortalité dans le monde au cours des deux derniers siècles et nous ferons le point sur l'état actuel de la mortalité.

Les taux de mortalité

Les taux font partie des outils les plus utilisés de l'analyse démographique et du fait de leur diversité, des plus fins. Au-delà du taux global de mortalité, on peut affiner l'analyse selon le sexe et l'âge des personnes.

a)   Le taux brut de mortalité et ses limites

L'exigence première est de quantifier dans un indicateur global la fréquence des décès dans la population d'un territoire au cours d'une période, généralement l'année civile. Le taux brut de mortalité rapporte les décès survenus au cours d'une année à la population moyenne de l'année.

$$TBM = \frac{Décès}{P}$$

Ce taux mesure la fréquence annuelle des décès au sein d'une population. Avec 528 000 décès enregistrés au cours de l'année 2001 et une population moyenne de 59 190 600 personnes en données provisoires, le taux brut de mortalité en France s'élève à 8,9‰.

En 2001, un classement des pays selon les taux de mortalité place le Niger en tête avec 24‰, le Koweït en dernier avec 2‰. Mais le taux de mortalité ne résume pas le risque global de mortalité car il porte le poids de la structure par âge du pays. Il ne constitue pas un bon indicateur de comparaison de la mortalité entre pays ou pour un même pays à des dates éloignées, à l'exception de ceux ayant une structure par âge proche. Il ne peut constituer un critère de classement des pays selon leur état sanitaire.

Une décomposition des décès selon l'âge éclaire cette affirmation (figure 7).

Figure 7 - Décès selon l'âge

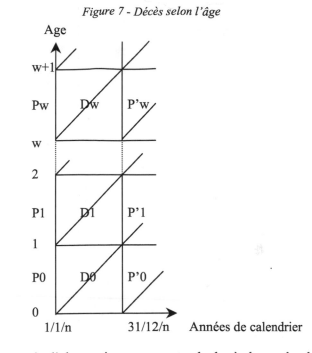

Pour une année d'observation n, on peut calculer à chaque âge le taux de mortalité (m_x).

$$m_0 = D0 \: / \: \overline{P0} \qquad\qquad D0 = m_0 \: \overline{P0}$$

$$m_1 = D1 \: / \: \overline{P1} \qquad\qquad D1 = m_1 \: \overline{P1}$$

$$m_w = Dw \: / \: \overline{Pw} \qquad\qquad Dw = m_w \: \overline{Pw}$$

$$\sum_{i=0}^{w} Di = \sum_{i=0}^{w} m_i \: \overline{Pi}$$

$$\frac{\sum_{i=0}^{w} Di}{\overline{P}} = \frac{\sum_{i=0}^{w} m_i \: \overline{Pi}}{\overline{P}}$$

$$TBM = \sum_{i=0}^{w} m_i \: p_i$$

L'égalité précédente exprime les composantes du taux brut de mortalité.

Un taux brut de mortalité est sous la dépendance de deux facteurs dont l'un, pi, proportion des effectifs d'âge i dans la population totale, n'a rien à voir avec la mortalité : c'est ce que l'on appelle « l'effet de structure » à savoir « l'intervention de la structure par âge d'une population en tant que facteur agissant sur les manifestations d'un phénomène, ici la mortalité, durant une période donnée ». On ne peut à l'aide de cet indicateur comparer les états sanitaires de pays dont les structures par âge sont différentes. Ce taux n'est significatif que pour des pays à structures par âge proches ou pour un même pays à des dates peu éloignées. Un pays développé, à population âgée importante et un pays moins développé à population jeune peuvent avoir le même taux brut de mortalité et des conditions sanitaires très différentes. Tel est le cas en 2001 de la France et de l'Inde qui ont tous deux un taux de mortalité de 9 ‰ mais avec 19 % de moins de 15 ans en France et 36 % de moins de 15 ans en Inde. En conséquence, il faut lors de toute comparaison entre pays, éliminer les effets de structure par âge (*cf. supra*).

b)   *La mortalité selon l'âge et le sexe*

L'âge constitue le critère le plus évident de différenciation de la mortalité mais, pour un âge donné, la fréquence des décès n'est pas la même selon que l'on est un homme ou une femme. Le taux de mortalité par âge défini précédemment, est un instrument d'analyse plus fin que le taux brut de mortalité. Ces taux sont à la base de la construction des indices de comparaison de mortalité.

Pour une année donnée n, les décès peuvent être répartis par âge en années révolues, Dx, par génération Dx^{G1}, ou par âge et par génération, on parle alors de répartition détaillée.

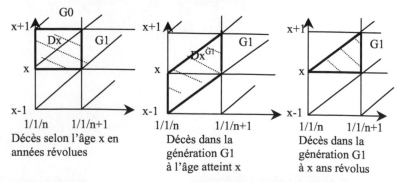

| Décès selon l'âge x en années révolues | Décès dans la génération G1 à l'âge atteint x | Décès dans la génération G1 à x ans révolus |

Aux deux premiers critères de classement correspondent respectivement un taux de mortalité par âge en années révolues, il concerne deux générations et un taux de mortalité par génération, il concerne deux âges en années révolues et un âge atteint. On peut calculer ainsi un taux de mortalité à un âge en années révolues (figure 8) ou un taux de mortalité dans une génération dit encore taux à l'âge atteint (figure 9).

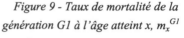

Figure 8 - Taux de mortalité
à x ans révolus, m_x

Figure 9 - Taux de mortalité de la
génération G1 à l'âge atteint x, m_x^{G1}

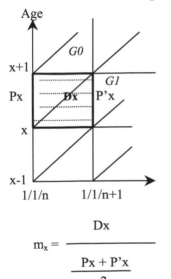
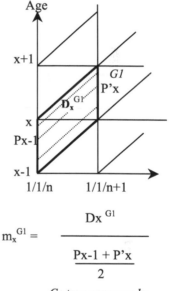

$$m_x = \frac{Dx}{\dfrac{Px + P'x}{2}}$$

$$m_x^{G1} = \frac{Dx^{G1}}{\dfrac{Px\text{-}1 + P'x}{2}}$$

Ce taux concerne les générations
G0 et G1 et l'âge x en années révolues

Ce taux concerne la
génération G1 et l'âge atteint x

Après avoir atteint un minimum autour de 10 ans, le taux de mortalité augmente sans cesse ; au-delà de 10 ans, le taux par âge en années révolues est donc légèrement supérieur au taux à l'âge atteint correspondant, les décès survenant en moyenne une demi-année plus tard dans le cas d'un taux par âge en année révolue.

Le sexe constitue un critère de différenciation de la mortalité, mêlant de façon complexe des facteurs biologiques et sociaux. La surmortalité masculine s'observe bien qu'à des degrés divers dans tous les pays développés. La surmortalité masculine la plus forte se rencontre en France, en Russie et en Finlande. Le statut social défavorable des femmes dans les sociétés anciennes, telle la France du XVIIIe siècle, ou dans certains pays en développement de nos jours, efface leur avantage biologique, avantage qui réapparaît avec le développement économique et social qui s'accompagne d'une amélioration de leur statut. A la plus grande fragilité biologique masculine s'ajoutent les effets de l'alcoolisme, du tabagisme, d'une conduite automobile dangereuse et des d'activités à risque créant une surmortalité masculine en accentuation depuis la Première Guerre mondiale. La surmortalité masculine à l'âge x, peut s'appréhender à partir du rapport de surmortalité masculine. Le rapport de surmortalité masculine à l'âge x, que nous noterons RSM_x, se mesure comme suit :

$$RSM_x = \frac{\text{Taux de mortalité des hommes d'âge x}}{\text{Taux de mortalité des femmes d'âge x}} \, 100 = \frac{m_x^H}{m_x^F} \, 100$$

Le rapport de surmortalité masculine exprime le nombre de décès masculins pour 100 décès féminins survenant à l'âge x.

En France en 1997, deux pics de surmortalité masculine apparaissent dans les tranches d'âge des 20-24 ans et des 60-64 ans.

$m_{20-24}^H = 1,14$ ‰; $m_{20-24}^F = 0,37$ ‰ : $RSM_{20-24} = (\,1,14\,/\,0,37\,)100 = 308$
$m_{60-64}^H = 14,6$ ‰ ; $m_{60-64}^F = 5,6$ ‰ : $RSM_{60-64} = (\,14,6\,/\,5,6\,)100 = 260$

Dans la tranche d'âge des 20-24 ans, pour 100 décès féminins se produisent 308 décès masculins ; chez les 60-64 ans, pour 100 décès féminins on compte 260 décès masculins.

Avec la levée de l'embargo sur les statistiques sanitaires en 1987 en Russie, se confirme la dégradation de la situation sanitaire qui concerne particulièrement les hommes de 35-60 ans (maladies cardiovasculaires mal soignées, morts violentes).

c) *La mortalité infantile*

La mortalité infantile concerne les enfants de moins d'un an. La situation sanitaire étant fortement corrélée au niveau de vie, le taux de mortalité infantile constitue un très bon indice de l'état sanitaire d'un pays et de son niveau de développement. Il se calcule en rapportant les décès survenus à 0 an révolu au cours d'une année, aux naissances de l'année. Rapportant les décès à l'effectif initial à la naissance, ce taux relève du quotient par son dénominateur et du taux par son numérateur (figure 10).

Figure 10 - Taux et quotient de mortalité infantile

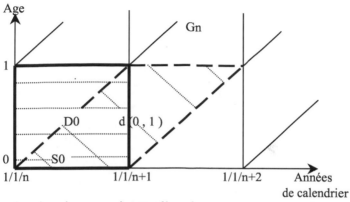

S0 : nombre de naissances vivantes l'année n.

D0 : décès qui surviennent avant 1 an, soit 0 an révolu, au cours de l'année n.

d (0,1) : décès dans la génération née l'année n, Gn qui surviennent entre 0 et 1 an donc au cours des années n et n+1.

Notons m_0 le taux de mortalité infantile et q_0 le quotient de mortalité

$$m_0 = \frac{D0}{S0} \quad \text{et} \quad q_0 = \frac{d(0,1)}{S0}$$

Le taux de mortalité infantile, contrairement au taux pour tout autre âge que 0 an révolu, ne prend pas en compte au dénominateur la population moyenne de 0 an révolu mais les naissances vivantes de l'année.

En rapportant les décès d'une année à l'effectif des nouveau-nés de l'année, deux générations interviennent. Certains décès proviennent d'enfants nés en n-1 et ils sont rapportés à des naissances S0 dont ils ne sont pas issus. Ce taux s'est imposé par la volonté de suivre l'évolution conjoncturelle de la mortalité infantile. Rapportant les décès à la population dont ils sont issus, le quotient serait plus satisfaisant mais son calcul suppose deux années d'observation.

Or les situations générales peuvent être très différentes d'une année à l'autre (famine, épidémie, guerre …). Le taux de mortalité infantile ainsi calculé s'est imposé par la volonté de suivre l'évolution conjoncturelle de la mortalité infantile.

Les comparaisons internationales nécessitent de grandes précautions. Les modalités d'enregistrement des enfants nés vivants mais décédés avant leur déclaration à l'état civil appelés faux morts-nés, diffèrent selon les pays ou pour un même pays selon les périodes. Ainsi les faux morts-nés étaient comptés avec les morts-nés en Espagne avant 1975 ; en France, ils sont comptabilisés avec les naissances vivantes depuis 1966. Quand on ne tient pas compte des faux morts-nés, les taux de mortalité infantile sont assez fortement minorés. Ainsi, le taux non rectifié pour l'Espagne en 1974 était de 13,9‰, le taux rectifié de 18,6‰.

Le taux rectifié de mortalité infantile permet des comparaisons internationales pertinentes ; il se calcule en réintégrant au numérateur et au dénominateur les faux morts-nés lorsque ces derniers ne sont pas comptés dans les naissances vivantes.

Parallèlement au taux de mortalité infantile sont calculés des taux relatifs aux premiers moments de la vie, validés par la similitude des causes de décès au cours de cette période (tableau 5). Les décès des premières semaines et les mortinaissances (morts-nés) ont pour causes essentielles les malformations congénitales, les traumatismes de la grossesse ou de l'accouchement. On distingue la mortinatalité (décès d'enfants morts-nés), la mortalité néonatale précoce (décès survenus au cours des 7 premiers jours), la mortalité périnatale, (morts-nés et mortalité néonatale) et la mortalité post néonatale (décès survenus entre le 29ème jour et le premier anniversaire).

Tableau 5 - Types de mortalité infantile et taux associés

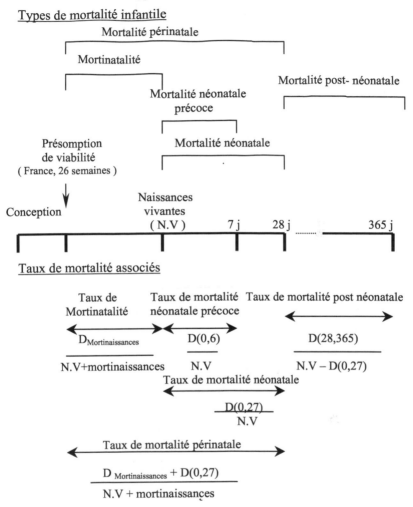

Types de mortalité infantile

La présomption de viabilité permet de déterminer les décès fœtaux. Elle repose selon les pays sur différents critères :

- sur la durée de gestation : en France, 26 semaines, au Canada et aux Etats-Unis, 20 semaines
- sur la taille : en ex RFA 35cm, en Suisse 30 cm
- sur le poids : en Australie 400 grammes, en Pologne 1 000 grammes

En France, le taux de mortalité infantile a considérablement baissé en 50 ans (tableau 6) :

Tableau 6 - Taux de mortalité infantile, France

Années	1950	1966	1998	2001*
Taux de mortalité infantile	52 ‰	21,7 ‰	4,6 ‰	4,5 ‰

*données provisoires

Dans un premier temps, sous l'effet des vaccins et des antibiotiques, la baisse de la mortalité infantile a concerné principalement la mortalité post-néonatale du fait de la régression des maladies infectieuses. Dans un second temps, la baisse a concerné la mortalité néonatale grâce à une meilleure surveillance des grossesses et au développement de la médecine périnatale. Ces dernières années, la baisse de la mortalité infantile est à nouveau liée à celle de la mortalité post néonatale grâce à la forte réduction des cas de morts subites du nourrisson (tableau 7).

En France, la mort subite du nourrisson, MSN, constitue la première cause de mortalité infantile ; elle représente un quart des décès de moins de 1 an et la moitié de la mortalité post néonatale. Dans les pays développés en 1990, le taux de MSN était de 1 à 3 pour 1 000 naissances. La mort subite du nourrisson est selon la définition internationale, « un décès soudain, inattendu et inexpliqué et qui demeure inexpliqué malgré les examens réalisés après la mort ». Aucune des 150 à 200 hypothèses physiopathologiques avancées n'a pu être confirmée. La MSN n'est pas une maladie relevant d'une cause précise et résulte probablement de la conjonction de plusieurs facteurs (infections, hyperthermie, reflux gastro-œsophagien, troubles de la régulation de la respiration, troubles d'origine cardiaque, « accidents de literie » et dans 1% des cas de sévices perpétrés sur le nourrisson). Ces décès sont à prédominance masculine (65% des cas) ; ils ont lieu dans leur grande majorité entre le premier et le huitième mois (85% des décès ont lieu entre 2 et 4 mois et 95 % avant 6 mois), au cours du sommeil et sont plus fréquents pendant l'hiver.

En 1998 se sont tenues à Rouen les Assises internationales sur la MSN regroupant quelque 40 pays. Jusqu'en 1970, presque partout dans le monde, les nourrissons étaient couchés sur le dos mais un courant venu des États-Unis s'est imposé pour coucher le bébé sur le ventre, position supposée assurer une meilleure fonction respiratoire, prévenir les reflux gastro-œsophagiens et aider à la musculation de la partie cervicale de la colonne vertébrale. Dans les années 80, on note une augmentation considérable des morts subites du nourrisson ; des publications, en 1985 en Allemagne, en 1987 en France, tentent d'alerter la communauté médicale sur l'importance relative de ces décès parmi les enfants dormant sur le ventre sans pour autant obtenir un consensus au sein de la communauté médicale.

En France, les pouvoirs publics ont mené des campagnes, dès 1992 dans certains départements puis dans la France entière en 1994, la troisième campagne eut lieu en 1995. Le nombre de décès par mort subite du nourrisson a été divisé par 3 entre 1991 et 1997 (tableau 7).

Tableau 7 – Décès par mort subite du nourrisson, France 1991-1997

Années	1991	1993	1994	1995	1997
Nombre de MSN	1500	1130	800	537	500

La maîtrise croissante de cette principale cause de mortalité infantile repose sur des recommandations simples faites aux parents :

- Coucher le bébé sur le dos ou sur le côté jusqu'à l'âge de 2 ans
- Ne pas utiliser de couverture, de couette ni d'oreiller
- Faire dormir l'enfant sur un matelas ferme
- Ne pas surchauffer la chambre (18° maximum l'hiver)
- Ne pas fumer en sa présence

Dans les années récentes, la baisse de la mortalité infantile est due à celle de la mortalité post-néonatale, cette dernière étant liée à la baisse spectaculaire des décès par mort subite du nourrisson ainsi qu'à la baisse de la mortalité par maladies respiratoires aiguës. L'INSERM n'a fourni aucune donnée sur les MSN depuis 1997 ; une enquête révèlerait une stagnation des cas de MSN depuis 1997. Dans les pays qui ont mis en œuvre des campagnes de prévention, le taux de mort subite du nourrisson est passé au cours de la décennie 1990 de 2‰ à 0,49‰ soit une diminution de 75% des cas de morts subites du nourrisson.

Les méthodes de comparaison de mortalités : population type et mortalité type

Ces méthodes permettent de classer des pays selon leur état sanitaire. Le taux brut de mortalité ne peut servir d'outil de comparaison des états sanitaires du fait de l'effet de structure qui pèse sur la détermination de ce taux. Les méthodes de comparaison visent à éliminer l'effet de structure grâce à la construction d'indices synthétiques. Le choix entre les deux méthodes existantes, la méthode de la population type et la méthode de la mortalité type, relève de l'examen des données démographiques dont on dispose.

a) La méthode de la population type

La méthode consiste à choisir une population dont on connaît la structure par âge des effectifs, à laquelle on va affecter les taux de mortalité par âge des pays qui font l'objet de la comparaison. On calcule ainsi des taux comparatifs[1] qui indiquent ce que seraient les taux bruts de mortalité si les pays conservaient leur propre mortalité, caractérisée par la série des taux de mortalité par âge, mais avaient la structure de population par âge du pays choisi comme population type. Ces taux, calculés à partir d'une même structure par âge de population, constituent de bons outils de comparaison. Le niveau absolu de ces taux corrigés présente peu d'intérêt, il est fonction de la population type choisie ; en revanche, leur confrontation permet de classer les pays selon leur état sanitaire. Le choix de la population type est arbitraire mais il peut être judicieux de prendre, si les données le permettent, la population d'un des pays objet de la comparaison. Il suffit alors pour ce pays de connaître, outre sa structure par âge, les décès et l'effectif global de sa population pour calculer son taux brut de mortalité, qui n'aura pas à être corrigé. Il n'est pas nécessaire de connaître les taux de mortalité par âge de la population type. Si les taux comparatifs dépendent de la population type retenue, le classement des pays est le même quelle que soit la population type choisie.

---

[1] Ces taux sont nommés également taux corrigés, taux rectifiés ou encore taux standardisés.

Notons :

A le pays A	B le pays B
P^A la population totale de A	P^B la population totale en B
P_i^A la population d'âge i en A	P_i^B la population d'âge i en B
p_i^A la proportion des effectifs d'âge i dans la population de A	p_i^B la proportion des effectifs d'âge i dans la population de B
D^A le nombre total de décès en A	D^B le nombre total de décès en B
D_i^A le nombre de décès survenant à l'âge i en A	D_i^B le nombre de décès survenant à l'âge i en B
m_i^A le taux de mortalité à l'âge i en A	m_i^B le taux de mortalité à l'âge i en B

Si le pays A est la population type, on calcule pour le pays B le taux de mortalité corrigé que l'on notera * :

$$TBM*B = \sum_{i=0}^{w} m_i^B p_i^A$$

On compare alors le taux brut de mortalité de A au taux de mortalité corrigé de B. Le pays dont le taux est le plus élevé a les plus mauvaises conditions sanitaires.

Exemple chiffré

On veut comparer les situations sanitaires des pays A et B. Le taux brut de mortalité de A s'élève à 14 ‰ ; les structures par groupes d'âges des populations de A et de B et les taux de mortalité par âge de B sont donnés dans le tableau 8 :

Tableau 8 - Structure de la population de A et de B,
taux de mortalité par âge de B

Groupes d'âges	Structure de la population p_i (%)		Taux de mortalité par âge du pays B) m_i^B (‰)
	Pays A	Pays B	
0-19	50	35	5
20-59	40	40	10
60 et +	10	25	40

Calcul du taux brut de mortalité en B :

$$\text{TBM B} = \sum_{i=0}^{w} m_i^B \, p_i^B$$

$$\text{TBM B} = \frac{35 \times 5\ \text{‰} + 40 \times 10\ \text{‰} + 25 \times 40\ \text{‰}}{100} = 15,75\ \text{‰}$$

La comparaison de la mortalité en A et B ne peut être appréhendée à partir des taux bruts du fait des différences de structures par âge des deux populations. A est un pays jeune, B un pays vieux. Si l'on choisit le pays A comme population type (ne connaissant pas les taux de mortalité par âge de A, on ne pourrait choisir le pays B), on calcule le taux qu'aurait le pays B s'il gardait sa propre mortalité mais avait la structure par âge de A.

$$\text{TBM*B} = \sum_{i=0}^{w} m_i^B \, p_i^A$$

$$\text{TBM*B} = \frac{50 \times 5\ \text{‰} + 40 \times 10\ \text{‰} + 10 \times 40\ \text{‰}}{100} = 10,50\ \text{‰}$$

Le taux de mortalité corrigé du pays B est de 10,5 ‰ , celui du pays A est de 14 ‰. La situation sanitaire du pays B est meilleure que celle du pays A, contrairement à ce que les taux bruts de mortalité auraient pu laisser croire, l'importance de la proportion de jeunes en A masque la mauvaise situation sanitaire de ce pays par rapport à celle de B dont le taux de mortalité porte le poids d'une proportion de population âgée plus importante qu'en A : nous saisissons ici « l'effet de structure ».

b)   La méthode de la mortalité type

La comparaison de la mortalité entre pays peut s'effectuer à partir de la construction d'indices comparatifs qui n'ont de signification, comme pour le calcul du taux corrigé précédent, que par rapport à la mortalité type choisie. Cette méthode consiste à affecter aux populations les taux de mortalité par âge d'un pays pris comme référence ; la mortalité type peut être, comme dans le cas précédent, celle d'un des pays étudiés.

Des indices sont calculés, pour chaque pays, en rapportant les décès réels de ce pays (A) aux décès qu'il aurait si, conservant sa propre structure de population, il avait les taux de mortalité par âge du pays choisi comme mortalité type (B). Le pays B, mortalité type, a pour indice 100.

Si la mortalité type retenue est celle d'un des pays faisant l'objet de la comparaison, l'indice de ce pays est égal à 100. Le classement des pays s'opère alors à l'aide des divers indices. L'indice le plus élevé indique le pays dont les conditions sanitaires sont les plus mauvaises. Cette méthode est à retenir lorsqu'on ne connaît pas les taux de mortalité par âge de toutes les populations, mais il faut connaître ou pouvoir calculer les décès réels ainsi que les structures par âge des populations.

L'indice du pays A rapporte les décès réels en A aux décès qu'aurait le pays A avec la mortalité par âge de B.

$$I_A = \frac{\text{Décès réels en A}}{\text{Décès fictifs en A}} \; 100 = \frac{\sum_{i=0}^{w} m_i^A P_i^A}{\sum_{i=0}^{w} m_i^B P_i^A} \; 100$$

Ou, autre écriture possible de l'indice, obtenue en divisant numérateur et dénominateur de l'égalité précédente par la population de A :

$$I_A = \frac{\text{Taux de mortalité de A}}{\text{Taux de mortalité fictif de A}} \; 100 = \frac{\sum_{i=0}^{w} m_i^A p_i^A}{\sum_{i=0}^{w} m_i^B p_i^A} \; 100$$

Le taux fictif de A est le taux qu'aurait ce pays si, conservant sa structure de population, il avait les taux de mortalité d'un autre pays (B). Les décès fictifs (ou les taux fictifs) sont supérieurs ou inférieurs au décès réels (ou au taux de mortalité réel du pays) selon l'état sanitaire du pays choisi comme mortalité type.

Exemple chiffré

Reprenons l'exemple chiffré précédent ; l'application de la méthode de la mortalité type consiste à choisir une série de taux de mortalité. Dans le cas présent, on affecte la mortalité par âge du pays B au pays A qui conserve sa structure de population.

$I_B = 100$

$$I_A = \frac{\text{Taux de mortalité de A}}{\text{Taux de mortalité fictif de A}} \; 100 = \frac{\sum\limits_{i=0}^{w} m_i^A \, p_i^A}{\sum\limits_{i=0}^{w} m_i^B \, p_i^A} \; 100$$

$$I_A = \frac{14\,‰}{(50 \times 5 + 40 \times 10 + 10 \times 40) / 100} \; 100 = \frac{14\,‰}{10,5\,‰} \; 100 = 133$$

Avec les taux de mortalité par âge de B, le taux de mortalité de A serait de 10,5‰ et non de 14‰ . L'indice de A étant supérieur à 100, la situation sanitaire dans le pays A est moins bonne que celle du pays B.

Tableau 9 – Synthèse des deux méthodes de comparaison de mortalités

Méthode de la population type : on compare les situations sanitaires de A, B et C ; C est population type	Méthode de la mortalité type : on compare les situations sanitaires de A, B et C ; C est mortalité type
$$TBM^*A = \sum\limits_{i=0}^{w} m_i^A \, p_i^C$$ $$TBM^*B = \sum\limits_{i=0}^{w} m_i^B \, p_i^C$$	$IC = 100$ $$IA = \frac{\sum\limits_{i=0}^{w} m_i^A \, p_i^A}{\sum\limits_{i=0}^{w} m_i^C \, p_i^A} \; 100 = \frac{\sum\limits_{i=0}^{w} m_i^A \, P_i^A}{\sum\limits_{i=0}^{w} m_i^C \, P_i^A} \; 100$$ (rapport des taux) (rapport des décès) $$IB = \frac{\sum\limits_{i=0}^{w} m_i^B \, p_i^B}{\sum\limits_{i=0}^{w} m_i^C \, p_i^B} \; 100 = \frac{\sum\limits_{i=0}^{w} m_i^B \, P_i^B}{\sum\limits_{i=0}^{w} m_i^C \, P_i^B} \; 100$$

Les tables de mortalité

« Une table de mortalité décrit, selon une échelle d'âges, la survenance des décès dans une génération » (R. Pressat). On l'élabore en suivant une génération de la naissance à la mort de tous ses membres ; on compte les survivants à chaque âge ou selon des intervalles plus larges[2]. Une table concerne un événement non renouvelable observé en l'absence de phénomène perturbateur. Son principe de construction s'étend à d'autres phénomènes démographiques tels que les premiers mariages, la fécondité de rang 1, la migration de rang 1. Mais la pertinence de ces tables demeure limitée, du fait de la faible proportion de ces événements dans l'ensemble des mariages, des naissances et des migrations.

Aux approches longitudinales et transversales correspondent des tables de mortalité de génération et des tables de mortalité du moment, ces dernières étant plus fréquemment élaborées. Les tables de mortalité de génération supposent un enregistrement sur une centaine d'années, alors que les tables de mortalité du moment permettent de caractériser la mortalité pour une année donnée. Nous allons cependant présenter l'outil à partir d'une table de génération, plus immédiate à saisir qu'une table du moment, abordée dans un second temps.

a) Table de mortalité de génération

A partir d'un nombre initial arbitraire de nouveau-nés d'une génération S0 appelé racine de la table, S0 est toujours une puissance de 10 afin de rendre les comparaisons possibles (la table de mortalité de la génération féminine française de 1899[3] a pour racine 100 000), on suit, aux différents âges, les survivants notés Sx.

---

[2] L'astronome Edmond Halley établit en 1693 la première table de mortalité d'après les âges aux décès dans la ville de Breslau qui prend le nom de Wroclaw en 1945.

[3] La table de mortalité de la génération 1944 ne pourra être construite qu'aux environs de 2030.

Une table de mortalité comporte, au sens strict, quatre colonnes :

- l'âge x, (âge exact)
- les survivants d'âge x, Sx
- les décès entre deux âges, d (x,x+1)
- les quotients de mortalité à l'âge x, q_x

Une table complète donne la série des survivants pour des intervalles entre les âges égaux à 1 ; si la suite des anniversaires est lacunaire, la table est dite table abrégée, les intervalles entre les âges sont différents de 1, on notera cet intervalle a.

A partir de la série des survivants Sx, on calcule les décès entre deux âges ainsi que les quotients de mortalité à partir des relations suivantes :

$$d (x, x+1) = Sx - Sx+1$$

$$q_x = \frac{d (x, x+1)}{Sx}$$

$$d (x, x+1) = Sx\, q_x$$

$$Sx\, q_x = Sx - Sx+1$$

$$\boxed{Sx +1 = Sx (1-q_x)}$$

Cette dernière relation sert à la construction d'une table de mortalité du moment.

Dans le cas d'une table abrégée, le quotient de mortalité à l'âge x, pour un intervalle a, est noté $_aq_x$. Il mesure le risque à l'âge x de décéder avant l'âge x + a .

$$_aq_x = \frac{d (x, x+a)}{Sx}$$

Lorsque l'intervalle a est égal à 1, par convention, on n'écrit pas $_1q_x$ mais seulement q_x .

Au risque de décéder, ou probabilité de mourir, est associée la probabilité de survie. La probabilité de survie à l'âge x est notée p_x. Elle mesure la probabilité à l'âge x d'être encore en vie à l'âge x + 1. Pour un intervalle a, elle est notée $_ap_x$.

$$_ap_x = \frac{Sx+a}{Sx}$$

Les deux situations, vivre ou mourir entre deux âges, étant inéluctables, la somme des deux événements est un événement certain dont la probabilité est égale à 1. `

En effet :

$$_a p_x + {}_a q_x = \frac{S_{x+a}}{S_x} + \frac{d(x, x+a)}{S_x} = \frac{S_x}{S_x} = 1$$

Exemple : d'après la table de mortalité de la génération féminine française de 1899 (tableau 10)

$$S_5 = 79\ 186 \quad \text{et} \quad S_{10} = 77\ 674$$

$$_5 q_5 = \frac{d(5, 10)}{S_5} = \frac{S_5 - S_{10}}{S_5} = \frac{79\ 186 - 77\ 674}{79\ 186} = 19,1\ ‰$$

$$_5 p_5 = \frac{S_{10}}{S_5} = \frac{77\ 674}{79\ 186} = 980,9\ ‰$$

$$_5 p_5 + {}_5 q_5 = 980,9\ ‰ + 19,1\ ‰ = 1$$

Une personne qui a atteint l'âge de 5 ans dans la génération féminine française née en 1899, a 19,1 chances sur 1 000 de mourir avant d'atteindre l'âge de 10 ans donc 980,9 chances sur 1 000 de vivre jusqu'à 10 ans.

Tableau 10 – Table de mortalité de la génération
féminine française née en 1899

Age exact x	S_x	d(x, x + 1)	$1Q_x$	e_x	Age exact x	S_x	d(x, x + 1)	$1Q_x$	e_x
0 an	100 000	15 117	0,15117	54,5	36	68 338	314	0,00459	40,1
1	84 883	2 636	0,03106	63,2	37	68 024	317	0,00466	39,3
2	82 247	1 404	0,01707	64,2	38	67 707	324	0,00479	38,5
3	80 843	847	0,01048	64,3	39	67 383	319	0,00473	37,7
4	79 995	810	0,01012	64,0	40	67 064	363	0,00541	36,9
5	79 186	423	0,00534	63,6	41	66 701	375	0,00562	36,1
6	78 763	352	0,00447	63,0	42	66 326	376	0,00567	35,3
7	78 411	292	0,00373	62,2	43	65 950	386	0,00585	34,5
8	78 118	239	0,00306	61,5	44	65 564	528	0,00805	33,7
9	77 879	206	0,00264	60,7	45	65 037	504	0,00775	32,9
10	77 674	195	0,00251	59,8	46	64 533	350	0,00543	32,2
11	77 479	209	0,00270	59,0	47	64 182	322	0,00502	31,4
12	77 270	209	0,00271	58,1	48	63 860	319	0,00500	30,5
13	77 060	216	0,00280	57,3	49	63 541	369	0,00581	29,7
14	76 844	249	0,00324	56,4	50	63 171	377	0,00597	28,8
15	76 595	312	0,00407	55,6	51	67 794	408	0,06490	28,0
16	76 284	346	0,00453	54,8	52	62 387	419	0,00671	27,2
17	75 938	377	0,00496	54,1	53	61 968	479	0,00773	26,4
18	75 562	442	0,00585	53,4	54	61 489	477	0,00775	25,6
19	75 119	817	0,01087	52,7	55	61 013	482	0,00790	24,8
20	74 303	436	0,00587	52,2	56	60 531	521	0,00861	24,0
21	73 867	400	0,00541	51,5	57	60 009	512	0,00853	23,2
22	73 467	408	0,00556	50,8	58	59 498	549	0,00922	22,4
23	73 059	398	0,00545	50,1	59	58 949	546	0,00926	21,6
24	72 661	415	0,00571	49,4	60	58 403	607	0,01039	20,8
25	72 246	421	0,00583	48,7	61	57 796	617	0,01067	20,0
26	71 824	403	0,00561	47,9	62	57 180	711	0,01244	19,2
27	71 422	394	0,00552	47,2	63	56 468	780	0,01381	18,4
28	71 027	359	0,00505	46,5	64	55 689	784	0,01407	17,7
29	70 669	360	0,00510	45,7	65	54 905	849	0,01547	16,9
30	70 308	354	0,00504	44,9	66	54 056	876	0,01621	16,2
31	69 954	354	0,00477	44,2	67	53 179	972	0,01828	15,4
32	69 620	302	0,00434	43,4	68	52 207	1 057	0,02024	14,7
33	69 318	320	0,00461	42,6	69	51 151	1 137	0,02223	14,0
34	68 998	324	0,00470	41,7	70	50 013			
35	68 674	337	0,00490	40,9					

Source : J.Vallin, « *La mortalité par génération en France depuis 1899* », *Travaux et documents, cahier de l'INED*, n°63, 1973.

A partir d'une table de mortalité, on calcule un indice synthétique de calendrier de la mortalité pour la génération concernée. Il s'agit de l'espérance de vie à la naissance, notée e_0 ou durée de vie moyenne. C'est un indicateur individuel qui indique le nombre moyen d'années qu'une personne appartenant à cette génération peut espérer vivre à la naissance ou, ce qui est identique, l'âge moyen des décédés dans cette génération. On peut de même s'intéresser à l'espérance de vie à un âge x, notée e_x.

Elle indique le nombre moyen d'années qu'une personne ayant atteint l'âge x peut espérer vivre. La série des espérances de vie à un âge x ne fait pas partie intégrante d'une table de mortalité, mais elle est souvent donnée.

Le principe de calcul d'une espérance de vie consiste à calculer une moyenne en totalisant le nombre d'années vécues par chaque membre d'une génération tout au long de son existence, et à ramener ce nombre d'années à un individu de cette génération. Chaque individu qui vit un an de plus apporte, au total d'années vécues par l'ensemble des membres de la génération, une année supplémentaire. Les S1 survivants apportent (1an x S1) années, les S2 survivants apportent S2 années et ce jusqu'à l'extinction de la génération. Il faut de plus tenir compte des fractions d'années vécues entre le dernier anniversaire et le décès. On admet qu'en moyenne les personnes qui décèdent entre les âges x et x + 1 ont vécu une demi-année, leur apport à la génération est de [0,5 d (x, x + 1)]. A l'extinction de la génération, le nombre d'années apportées par tous les individus à la génération s'élève à :

S1 + S2 + ... + Sw + 0,5 [d (0,1) + d (1,2) + ... +d (w-1,w)]

L'expression entre crochets, somme des décès à tous les âges, que l'on peut écrire S0 – S1 + S1 – S2 + S2 – S3 ....., n'est rien d'autre que S0, l'effectif à la naissance de la génération. L'espérance de vie à la naissance s'élève à :

$$e_0 = \frac{S1 + S2 + ... + Sw + 0,5\ S0}{S0} = 0,5 + \frac{\sum_{i=1}^{w} Si}{S0}$$

L'espérance de vie à un âge x se calcule selon le même principe de sommation des années vécues par les survivants de chaque âge, la somme des années part de l'apport des survivants d'âge x+1 soit Sx+1 :

$$e_x = 0,5 + \frac{\sum_{i=x+1}^{w} Si}{Sx}$$

Dans le cas d'une table abrégée, le calcul repose sur le même principe, mais la formule précédente doit être revue en prenant en compte les intervalles de la table abrégée. Pour une table dont la suite des âges serait de 0, 1, 5, 10, 15, 20...ans, l'espérance de vie à la naissance se calculerait comme suit :

$$e_0 = 0,5 + \frac{2,5 \; S1 + 4,5 \; S5 + (\; S10 + S15 + \ldots + Sw \;)}{S0}$$

formule obtenue à partir de la forme développée :

[S1 +4 S5 + 5 (S10 + S15 + S20 + ... + Sw) + 0,5 d (0,1) +
2 d (1, 5)+ 2,5 { d (5,10) + d (10, 15) +... }] / S0

b)   Table de mortalité du moment

Les décès au cours d'une période d'observation sont fonction non seulement de l'état sanitaire du pays mais également de l'importance des effectifs de chaque âge dans la population. Si l'on veut saisir la mortalité indépendamment des structures par âge de la population, il faut pouvoir isoler l'impact de la mortalité. Les décès d'une année sont soumis à un effet de structure que l'on peut éliminer par construction d'une génération fictive à la base de l'élaboration d'une table de mortalité du moment. Supposons une génération dont l'évolution des effectifs à chaque âge serait conforme aux taux de mortalité par âge de l'année. Les décès qui réduisent l'effectif de cette génération à tous les âges sont déterminés par les taux de mortalité par âge de l'année : l'effet de structure est supprimé, la mortalité est saisie à l'état pur. Ainsi, lorsqu'on énonce qu'en 2001 (résultats provisoires), l'espérance de vie à la naissance des hommes s'élève à 75,5 ans, celle des femmes à 83 ans, on s'appuie sur une table de mortalité du moment - table de mortalité de la France en 2001 – construite à partir d'une génération fictive dont les effectifs se réduiraient à chaque âge conformément aux taux de mortalité par âge de l'année 2001.

Un problème demeure, celui du passage des taux de mortalité par âge, outil de l'observation transversale, aux quotients de mortalité, outils de l'analyse longitudinale à la base de la construction de la génération fictive.

Chaque année, on peut connaître à chaque âge, les décès, les populations moyennes donc les taux de mortalité caractéristiques de la mortalité de l'année. Il existe une relation pour un âge donné, entre le taux de mortalité et le quotient correspondant[4] :

Si l'intervalle d'âge est de 1 an :

$$q_x = \frac{2m_x}{2 + m_x}$$

Démonstration dans le cas d'un intervalle a, égal à 1 :

$$m_x = \frac{d(x, x+1)}{\dfrac{S_x + S_{x+1}}{2}}$$

$$m_x = \frac{S_x \, q_x}{\dfrac{S_x + S_{x+1}}{2}}$$

or $S_{x+1} = S_x - d(x, x+1)$

d'où $m_x = \dfrac{q_x \, S_x}{\dfrac{S_x + S_x - d(x, x+1)}{2}} = \dfrac{2 \, q_x \, S_x}{2S_x - q_x \, S_x}$

$2 q_x = m_x (2 - q_x)$ donc $q_x = \dfrac{2 \, m_x}{2 + m_x}$

Pour un intervalle entre deux âges différent de 1, intervalle noté a,

$$_a q_x = \frac{2a \, _a m_x}{2 + a \, _a m_x}$$

Ainsi, pour un intervalle d'âge de 5 ans (a = 5) :

$$_5 q_x = \frac{10 \, _5 m_x}{2 + 5 \, _5 m_x}$$

---

[4]Cette liaison repose sur l'hypothèse d'une population stationnaire (voir chapitre IV). La limitation de cette hypothèse joue peu lorsque les intervalles d'âge sont faibles ; elle est davantage à prendre en compte lorsque a=5. On peut faire appel dans ce cas à des tables reposant sur des bases empiriques, telles que les tables de Reed et Merrell.

Après avoir transformé les taux de mortalité en quotients de mortalité, à partir de la relation existant entre les effectifs et les quotients, on peut calculer les effectifs de la génération fictive caractérisés par les conditions de mortalité de l'année (figure 11) :

$Sx+1 = Sx (1- q_x)$
et pour un intervalle différent de 1 :
$Sx+a = Sx (1- {_aq_x})$.

A partir d'une racine S0, on transforme m_0 en q_0 et on calcule
$$S1 = S0 (1- q_0)$$
on transforme m_1 en q_1 et on calcule
$$S2 = S1 (1- q_1)$$

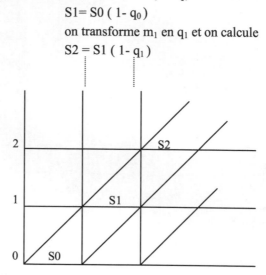

La table de mortalité ainsi construite permet de calculer l'espérance de vie et de caractériser par cet indicateur synthétique les conditions de mortalité de l'année n. Mais, figeant la mortalité à son niveau observé l'année n, l'espérance de vie calculée n'est pas représentative du nombre d'années que peuvent espérer vivre les jeunes générations de la population en question. Par ailleurs, on ne mesure plus à partir d'une table de mortalité du moment, l'âge moyen au décès dans la population ; ce dernier est fonction du nombre de décès réellement constatés à chaque âge : la génération fictive n'est pas la population observée une année donnée. L'écart entre l'espérance de vie à la naissance et l'âge moyen au décès dans un pays peu développé au taux d'accroissement naturel de l'ordre de 3%, peut atteindre 20 ans.

Tableau 11 - Tables de mortalité abrégées, France, 1997,
sexe masculin et sexe féminin

Sexe masculin

Age x	0	1	2	3	4	5	10
Sx	100 000	99 463	99 421	99 390	99 366	99 346	99 265

15	20	25	30	35	40	45	50
99 165	98 809	98 243	97 650	96 941	95 942	94 435	92 218

55	60	65	70	75	80	85
89 108	84 797	78 570	70 019	58 727	44 490	27 985

Sexe féminin

Age x	0	1	2	3	4	5	10
Sx	100 000	99 581	99 547	99 524	99 501	99 484	99 427

15	20	25	30	35	40	45	50
99 359	99 214	99 030	98 824	98 525	98 078	97 399	96 408

55	60	65	70	75	80	85
94 960	93 075	90 409	86 287	79 939	69 327	52 573

Figure 11 – Génération fictive, taux et quotient de mortalité

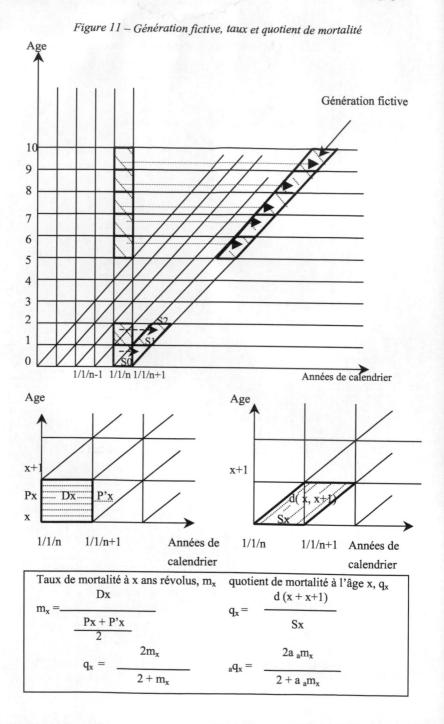

Taux de mortalité à x ans révolus, m_x	quotient de mortalité à l'âge x, q_x
$m_x = \dfrac{Dx}{\dfrac{Px + P'x}{2}}$	$q_x = \dfrac{d(x + x+1)}{Sx}$
$q_x = \dfrac{2m_x}{2 + m_x}$	$_aq_x = \dfrac{2a \, _am_x}{2 + a \, _am_x}$

L'espérance de vie pour une année peut être soumise à de fortes fluctuations du fait de la sensibilité de cet indicateur aux conditions du moment (guerre, famine, épidémie). En France, au cœur d'une nette tendance à la hausse depuis le milieu du XVIIIe siècle, on note un recul de l'espérance de vie à la naissance en 1949, 1951, 1953 et une absence de gain en 1993, conséquence d'une épidémie de grippe très meurtrière.

- Les limites de l'indicateur

L'espérance de vie à la naissance est un indicateur fortement réducteur car il masque les âges auxquels les vies sont épargnées : une progression de l'espérance de vie à la naissance est-elle le résultat de la baisse de la mortalité aux jeunes âges ou au contraire, d'une meilleure maîtrise de la mortalité aux âges avancés ? En France, jusqu'en 1950, les vies épargnées étaient principalement celles d'enfants ; elles contribuaient à freiner l'impact de la baisse de la fécondité sur le vieillissement qui s'opérait par le bas de la pyramide des âges. Depuis environ 40 ans, la hausse de l'espérance de vie à la naissance est essentiellement liée à la baisse de la mortalité aux âges avancés ce qui produit un vieillissement par le haut cette fois de la pyramide. Vu le très faible niveau de la mortalité aux jeunes âges, l'accroissement de l'espérance de vie à la naissance dépend aujourd'hui dans les pays développés surtout du recul de la mortalité aux âges avancés.

L'augmentation de la longévité s'est accompagnée d'un accroissement de l'espérance de vie sans incapacité (EVSI). En France, entre 1980 et 1991, l'EVSI a progressé de 3 ans pour les hommes et de 2,6 ans pour les femmes alors que l'espérance de vie à la naissance progressait de 2,5 ans.

Tableau 12 – Espérance de vie à divers âges (France)

	1930	1980	1998	2001*
Espérance de vie à la naissance				
Hommes	54,3	70,2	74,8	75,5
Femmes	59,3	78,4	82,4	83,0
Espérance de vie à 60 ans				
Hommes	14,1	17,3	20,0	-
Femmes	16,4	22,4	25,3	-

Tableau 13 – Synthèse des outils d'analyse de la mortalité

<u>Taux et quotients</u>

* Taux brut de mortalité : $TBM = \dfrac{D}{P}$

* Taux de mortalité à l'âge x : $m_x = \dfrac{Dx}{Px}$
  en année révolue

* $TBM = \displaystyle\sum_{i=0}^{w} m_i\, pi$ avec $pi = \dfrac{\overline{Pi}}{P}$

* Quotient de mortalité :
  annuel : $q_x = \dfrac{d\,(x\,,\,x+1)}{Sx}$

  pluriannuel : $_a q_x = \dfrac{d\,(x\,,\,x+a)}{Sx}$

<u>Méthodes de comparaison de mortalités</u>

* Méthode de la population type : calcul d'un taux corrigé
  Si A est la population type, $TBM^*B = \displaystyle\sum_{i=0}^{w} m_i^{B}\, p_i^{A}$

* Méthode de la mortalité type

Si A est la mortalité type : $I_A = 100$,

$$I_B = \frac{\text{Décès réels en B}}{\text{Décès fictifs en B}}\;100 = \frac{TBM\ B}{\text{Taux fictif en B}}\;100$$

$$= \frac{\displaystyle\sum_{i=0}^{w} m_i^{B} P_i^{B}}{\displaystyle\sum_{i=0}^{w} m_i^{A} P_i^{B}}\;100 = \frac{\displaystyle\sum_{i=0}^{w} m_i^{B} p_i^{B}}{\displaystyle\sum_{i=0}^{w} m_i^{A} p_i^{B}}\;100$$

Table de mortalité

* Table de mortalité de génération, table de mortalité du moment
* Table de mortalité complète, table de mortalité abrégée

Dans le cas d'une table complète :

$$e_0 = 0,5 + \frac{\sum_{i=1}^{w} Si}{S0} \qquad e_x = 0,5 + \frac{\sum_{i=x+1}^{w} Si}{Sx}$$

Mesure de la surmortalité masculine

* $RSMx = \dfrac{m_x^H}{m_x^F}\ 100$ (nombre de décès masculins pour 100 décès féminins)

* $e_0^F - e_0^H$ (écart d'espérance de vie à la naissance selon le sexe)

Évolution de la mortalité dans le monde

L'égalité devant la mort se réduit au fait que tous les hommes sont mortels. Dépassée cette trivialité, l'histoire passée et présente des sociétés révèle de profondes inégalités face à la maladie et à la mort.

a) Quelques données générales : passé et présent

« On calcule que la moitié des enfants qui naissent meurent avant l'âge viril » écrivait Adam Smith en 1776 dans *La richesse des Nations*. De fait, jusqu'au milieu du XVIIIe siècle, la mortalité était telle qu'un quart des enfants n'atteignait pas l'âge de un an et la vie moyenne n'excédait pas 25 ans. Ce régime de mortalité concerne alors tous les pays de la planète. Mais vers le milieu du XVIIIe siècle, les caractéristiques de la mortalité de l'ancien régime démographique commencent à disparaître dans certaines régions pour disparaître progressivement de la planète au lendemain de la Deuxième Guerre mondiale. Au cours des deux siècles et demi passés, l'espérance de vie à la naissance a doublé voire triplé en particulier grâce à un recul de la mortalité infantile et juvénile. Ce mouvement, d'abord largement indépendant des progrès médicaux, s'accélère après la Seconde Guerre mondiale grâce à l'élévation du niveau de vie, à la diffusion des antibiotiques, aux systèmes de protection sociale de plus en plus étendus dans les pays développés et aux programmes d'intervention sanitaire dans le Tiers-Monde.

Certains de ces pays, dont la Chine, tendent vers l'espérance de vie des pays riches, tout en restant par leur niveau de développement des pays à faible revenu. On ne peut cependant considérer de façon mécanique que le niveau de vie, les dépenses de santé et le système collectif de protection sociale permettent de réduire les inégalités devant la mort entre pays ou au sein d'un même pays entre catégories sociales, entre sexes (la surmortalité masculine a durablement progressé dans les pays développés après la Première Guerre mondiale jusqu'aux années 80).

Dans les pays développés, la baisse de la mortalité, appréhendée grossièrement par le taux brut de mortalité, s'effectue en trois vagues successives, de la fin du XVIIIe siècle à la fin du XIXe : une première vague concerne la France, les pays tchèques, la Scandinavie, excepté la Finlande. Vers 1870, le mouvement net de recul de la mortalité touche la plus grande partie de l'Europe du nord-ouest, du centre et de l'est, quelques pays méditerranéens et certains pays de peuplement latin (Argentine, Brésil) ou anglo-saxon (États-Unis). Une troisième vague vers 1890 atteint des pays d'Europe du sud-ouest et du sud-est.

La découverte par le médecin anglais Edward Jenner de la vaccine, inoculée contre la variole (1796), et un siècle plus tard, la découverte par Pasteur de l'origine microbienne des maladies infectieuses (1884), correspondent aux deux premières phases du mouvement de baisse.

Dans les pays peu développés la tendance s'est réalisée en deux temps. Dans l'entre-deux-guerres, la mortalité fléchit dans un grand nombre de pays, tels l'Inde, le Mexique, la Corée, la Turquie, la Chine, suivis des autres pays au lendemain de la Seconde Guerre mondiale, période qui voit s'accélérer la baisse dans les pays l'ayant déjà amorcée, grâce à une diffusion rapide des progrès sanitaires.

Les progrès médicaux prendront vers la fin du XIXe siècle une place croissante dans la lutte contre la mort, mais les effets des progrès agricoles et de l'amélioration des conditions d'hygiène l'emportent lors de la seconde moitié du XVIIIe siècle au cours de laquelle régressent famines et épidémies qui décimaient jusque là les populations.

Ce mouvement général de baisse de la mortalité dans le monde n'a pas éliminé pour autant « l'inégalité devant la mort », selon l'expression du démographe suisse Hersch. Les taux bruts de mortalité, somme des taux de mortalité par âge pondérés par les effectifs, ne sont pas significatifs des écarts entre pays ; ils se situent actuellement autour de 10 ‰ et bien des pays en développement ont des taux de mortalité inférieurs à ceux de pays développés du fait de la jeunesse de leur population. L'espérance de vie à la naissance est un meilleur indicateur puisque, par construction, non soumis à l'effet de structure. Dans le monde, les écarts d'espérance de vie à la naissance se sont réduits au cours des années 1950-2000, mais ils demeurent encore considérables. Si de nos jours, la situation des pays développés est relativement homogène, il n'en est pas de même pour le reste du monde. L'espérance de vie a augmenté dans tous les pays depuis les années 50 mais elle a progressé plus vite dans les régions les moins développées, réduisant l'écart entre régions développées et régions moins développées : de 25,6 années au début 50 l'écart tombe à 12,9 années pour la période 1995-2000).

Tableau 14 - Espérance de vie à la naissance 1970-75 et 1990-95

	1970-75	1992-2000
Pays en développement	55,5	64,1
Pays les moins avancés	44,2	51,3
Pays arabes	51,9	65,9
Asie de l'Est et pacifique	60,4	68,6
Amérique latine et Caraïbes	60,8	69,3
Asie du Sud	49,9	61,9
Afrique subsaharienne	45,3	48,8
Europe de l'Est et CEI	69,2	68,4
OCDE	70,4	76,4
Monde	**59,9**	**66,4**

Source : *Rapport mondial sur le développement humain 2001, PNUD*

Les inégalités face à la mort sont particulièrement fortes avant un an. Les taux de mortalité infantile se situent, contrairement aux taux brut de mortalité, dans un très large éventail, significatif de l'écart réel des situations entre pays. Le taux de mortalité infantile, qui est de 5 à 10‰ dans les pays développés, atteint 100 ‰ ou plus dans les pays pauvres. Ce taux qui semble avoir atteint un plancher dans les pays développés avec 13‰ en moyenne en 1999 pour les pays de l'OCDE (4,5‰ en France en 2001), atteint pour cette même année 61‰ en moyenne dans les pays en développement dont 100‰ pour les pays les moins avancés. Le niveau d'éducation de la mère est très fortement corrélé à la mortalité infantile. Ce facteur éducatif exercerait une action propre que les programmes de développement ne peuvent ignorer. L'indicateur de développement humain (IDH)[5], publié chaque année par l'ONU depuis 1990, propose une conception du développement qui associe au classique et réducteur PIB par tête, l'objectif de santé et d'éducation, en prenant en compte l'espérance de vie à la naissance, le taux d'alphabétisation des adultes, les années de scolarité et le niveau d'instruction. L'IDH est un indicateur composite qui permet de suivre les progrès en matière de développement humain en prenant en compte la longévité, le savoir, les conditions de vie. On passe des questions « combien produisent les nations ? » à « comment vont les populations ? ». L'IDH s'échelonne entre 0 et1. Selon le rapport 2001, sur les 162 pays classés, les cinq premiers du classement et les cinq derniers sont :

1 Norvège (0,939)	158 Ethiopie (0,321)
2 Australie (0,936)	159 Burkina Faso (0,320)
3 Canada (0,936)	160 Burundi (0,309)
4 Suède (0,936)	161 Niger (0,274)
5 Belgique (0,935)	162 Sierra Leone (0,258)

La France est classée 13ème avec un IDH de 0,924.

---

[5] Depuis 1995, de nouveaux indicateurs permettent de suivre les inégalités hommes/femmes (Indicateur Sexospécifique du Développement Humain-ISDH-, Indicateur de la participation des femmes -IPF-, en 1997 Indicateur de Pauvreté Humaine).

Du fait de l'épidémie de SIDA ou de la stagnation économique, 16 pays connaissent un recul de l'IDH depuis 1990 ; l'espérance de vie a reculé dans 18 pays entre 1975 et 1997 dont 10 en Afrique subsaharienne, 8 en Europe de l'Est et dans la CEI. Le rapport fait nettement apparaître l'absence de lien automatique entre prospérité économique et développement humain, cependant, depuis 1975, bien qu'à des rythmes inégaux, la plupart des pays ont vu progresser leur IDH.

b) VIH et SIDA : de l'apparition du virus dans les années 1970 à la pandémie des années 1990

La propagation du Virus d'Immunodéficience Humaine, le VIH, qui cause le SIDA, Syndrome d'Immunodéficience Acquise, traduction du terme anglais Aids[6] (Acquired Immune Deficiency Syndrome) a démarré dans trois régions du monde, l'Afrique subsaharienne, l'Amérique du Nord et les Caraïbes fin 1970[7]. Comme le souligne le rapport ONUSIDA/OMS 2001 « le sida est devenu la maladie la plus dévastatrice que l'humanité ait jamais connue » avec plus de 60 millions de personnes infectées depuis le début de l'épidémie ; « l'inégalité d'accès à des traitements abordables et à des services de santé adéquats constitue l'un des principaux facteurs expliquant les différences considérables dans les taux de survie des personnes vivant avec le VIH/SIDA dans les pays et communautés riches et pauvres »

Maladie infectieuse transmise par voie sanguine ou sexuelle (partage de seringues, transmission mère-enfant pendant l'accouchement ou pendant l'allaitement, pratiques sexuelles) le SIDA a pour agent infectieux un rétrovirus appelé VIH à période d'incubation de quelques années. Lorsque le virus devient actif, il se multiplie conduisant à la destruction de la défense immunitaire qui permet alors aux maladies d'apparaître : le SIDA est déclaré. Les premières années de la maladie peuvent passer inaperçues mais après une période de latence, le VIH détruit un grand nombre de cellules

---

[6] Il faut distinguer le séropositif, porteur du virus, du sidéen qui a contracté le Sida.

[7] Le premier cas de Sida a été découvert *a posteriori* chez un marin anglais en 1959.

immunitaires, les microbes peuvent alors envahir le corps et engendrer les maladies spécifiques du SIDA : des infections opportunistes, certains cancers, un syndrome d'amaigrissement, des maladies du système nerveux.

En 1981[8], une enquête est menée aux USA à la suite d'une recrudescence de cas de maladies rares, de pneumocystes pulmonaires et de maladie de Kaposi touchant de jeunes homosexuels ; en 1983, l'équipe de Luc Montagnier isole le VIH agent pathogène d'une nouvelle maladie le SIDA. En 1986, la même équipe découvre le VIH II, proche du VIH I qui sévit surtout en Afrique.

A la croissance exponentielle mondiale des cas de SIDA dans les années 1980 et début 1990, succède une évolution contrastée marquée par un ralentissement des nouveaux cas dans les pays développés alors que la maladie continue sa progression dans les pays en voie de développement.

Selon les données OMS-Onusida, en décembre 2001, il y avait dans le monde vivant avec le VIH ou malades du SIDA, 40 millions de personnes dont 37,2 millions d'adultes et 2,7 millions d'enfants de moins de 15 ans. Pour l'année 2001, 5,1 millions de nouvelles contaminations par le VIH ont eu lieu et 3 millions de décès dus au SIDA. Alors qu'il représentait la 7ème cause de mortalité dans le monde en 1998, le Sida occupe en 2001 la 4ème place après les maladies cardiaques, les accidents cérébrovasculaires et les problèmes respiratoires aigus ; il constitue actuellement la première cause de mortalité en Afrique.

Les taux d'infection ont diminué en Europe occidentale et en Amérique du Nord du fait en particulier de l'arrivée des trithérapies, association de plusieurs médicaments, avec cependant 75 000 personnes infectées par le VIH en 2001. A l'éthique de la sexualité sans risque mise en œuvre dans les années 1980 et 1990 succède un relâchement de la protection qui s'accompagne de l'augmentation des taux d'infection faisant craindre un retour en force de l'épidémie.

---

[8] La première publication scientifique sur l'existence d'un phénomène pathologique pouvant avoir valeur épidémiologique eut lieu le 5 juin 1981

En Amérique du Nord, le taux de prévalence chez les 15-49 ans est de 0,61% aux États-Unis et de 0,3% au Canada, taux proches de ceux observés en Europe de l'Ouest (0,74% au Portugal, 0,58% en Espagne, 0,46% en Suisse, 0,44% en France, 0,35% en Italie). Mais la région Europe au sens de l'OMS[9] connaît une forte diversité de la situation épidémiologique du VIH/SIDA.

Dans les pays de l'Ouest, l'incidence globale est de 25 cas par million d'habitant en 1999, les pays les plus touchés sont le Portugal (88), l'Espagne (71), La Suisse (40) et l'Italie (36). La baisse de l'incidence constatée depuis 1996 se poursuit mais à un rythme moins rapide. La contamination lors d'un rapport hétérosexuel est en augmentation ; elle est responsable de la majorité des cas diagnostiqués en 1999.

En France, les nouveaux cas de SIDA ont progressé jusqu'en 1994. Au 31 décembre 1995, 5 469 cas de SIDA étaient recensés ; le SIDA représentait la première cause de mortalité chez les hommes de 25 à 35 ans. Après 1994, les nouveaux cas de SIDA ont chuté du fait d'une information accrue et des modifications de comportements (usage du préservatif, sécurité transfusionnelle renforcée, libéralisation de la vente des seringues). L'effet des nouvelles thérapies s'est fait sentir dès 1996. Mais on note un ralentissement de la baisse des nouveaux cas de SIDA entre 1996-1997 et 1998-2000. La tendance est à un accroissement de la proportion des femmes parmi les personnes contaminées (de 21 à 28%) et de l'augmentation des personnes contaminées par des rapports hétérosexuels (de 31 à 45%) ; la proportion des personnes contaminées à la suite de rapports homosexuels diminue (de 36 à 26%) ainsi que celle liée à l'usage de drogues injectables (de 22 à 14%). La situation au 31 décembre 2000 est estimée [10]comme suit :

---

[9] La région Europe, 51 pays, est découpée en trois zones : pays de l'Ouest (395 millions d'habitants) – *les 15 de l'UE, la Norvège, Israël, Islande, Suisse* – L'Est (290 millions) – *les 15 Etats indépendants de l'ex URSS* – le Centre (185 millions) – *ancien bloc de l'Est moins l'ex URSS et la Turquie –*.

[10] Estimation provisoire du fait d'un mouvement des médecins inspecteurs de santé publique des DASS.

- Personnes séropositives : 110 000 ; ayant développé un SIDA : 21 747
- Nombre total de décès depuis le début de l'épidémie : 31 780
- Nombre de personnes prises en charge à l'hôpital : 94 000 en 1999
- Nombre de nouveaux cas de SIDA : 1 800 en 1998, 1586 en 2000 dont 28% de femmes
- Nombre de décès par SIDA au second semestre 2000 : 315

La séropositivité est très difficile à appréhender ainsi, en 1998-2000, 51% des personnes atteintes par le SIDA découvrent leur séropositivité au moment de la maladie ; c'est le cas de 56% dans les cas de contamination par rapports hétérosexuels, 46% dans les cas de contamination par rapports homosexuels et 17% dans les cas de contamination par drogues injectables. A partir de 1987, on assiste à l'essor des mouvements associatifs français (1984 Aides, 1989 Act Up) qui marque l'entrée du social dans la maladie sur les thèmes de la défense des droits de l'homme, la dénonciation des carences du système public ; actuellement, ces associations attirent l'attention des pouvoirs publics sur les risques de relance de l'épidémie du fait d'un relâchement des pratiques de protection qui ont accompagné les trithérapies.

Si la région Centre au sens de l'OMS est encore globalement épargnée, la Roumanie présente une situation particulière du fait de l'importance des cas de VIH chez les enfants de moins de 13 ans qui représentent 29% des personnes touchées. Sur les 5 629 enfants malades du SIDA, 80% sont nés de mères séronégatives. La politique pro-nataliste de Ceausescu a provoqué l'abandon de dizaines de milliers d'enfants recueillis dans des foyers. Les anémies provoquées par la pénurie alimentaire furent traitées par des transfusions afin de « fortifier » les enfants qui recevaient en l'absence de contrôle, du sang contaminé : « le SIDA était vêtu de blanc ». La région Est connaît une forte augmentation des cas de contamination depuis 1995 essentiellement chez les usagers de drogues injectables. En 1999, le taux d'infection à VIH était de 124 cas pour 1 million de personnes dans la fédération de Russie et l'augmentation des nouveaux cas se poursuit avec un doublement chaque année depuis 1998. Un chômage massif, des normes sociales en perte de repères, des services de santé publique en pleine désintégration favorisent l'explosion de l'épidémie ; la consommation de drogues injectables toucherait 1% de la population et aurait triplé en cinq ans. En Ukraine, pays le plus touché de la région, l'incidence du Sida a été multipliée par 2 entre 1998 et 1999, trois quart des nouvelles infections provenant de la consommation de drogues injectables. Les budgets des programmes sur le SIDA se sont accrus et l'année 2002 a été déclarée « année de lutte contre le SIDA » par le Président de l'Ukraine.

En Asie, le taux de prévalence est inférieur à 1% à l'exception du Cambodge avec 4%, de la Thaïlande 2,1%, et de Myanmar 2%. Ce faible taux de prévalence est à relativiser par le poids de l'Asie dans le monde : en 2001, avec 57% de la population mondiale, l'Asie regroupe 7,1 millions de personnes atteintes du VIH/SIDA dont 3,86 millions pour l'Inde. La prévalence est faible en Chine ; il y aurait en données estimées pour 2000, 600 000 personnes infectées ce qui constitue cependant une multiplication par 2 des cas par rapport à 1996. Si le virus est arrivé plus tardivement dans cette région, sa progression y est plus rapide, on estime à plus de 1 million les cas de VIH/SIDA fin 2001.

En Amérique Latine, où 1,4 millions de personnes vivent avec le VIH/SIDA, la situation est très hétérogène ; 16 pays connaissent un taux de prévalence du VIH supérieur à 1%, dont le Guatemala, le Honduras, Panama, Belize, Guyana et le Surinam. La plupart des cas sont liés à une transmission hétérosexuelle. De nombreux pays dont l'Argentine, le Brésil, le Mexique, s'efforcent de proposer une thérapie antirétrovirale aux personnes infectées par le VIH.

Aux Caraïbes, où 420 000 personnes sont infectées, le principal moteur de l'épidémie réside dans les rapports hétérosexuels non protégés. Les taux de prévalence sont de 5% en Haïti, de 4% aux Bahamas et de 2,8% en République Dominicaine.

L'Afrique subsaharienne se situe à l'épicentre de la pandémie. Alors qu'elle représente $1/10^{ème}$ de la population mondiale, elle regroupe 70% des personnes vivant avec le VIH, 4 femmes séropositives sur 5 dans le monde vivent en Afrique et 80% des décès du SIDA y ont eu lieu depuis le début de l'épidémie. En 2001, 3,4 millions de nouvelles infections portent à 28,1 millions le nombre de personnes vivant avec le VIH/SIDA dans cette région du monde.

Aucun pays n'a échappé au virus mais l'épidémie touche fortement l'est et le sud du continent. Le taux de prévalence au VIH chez les 15-49 ans est de 10% dans 16 des 45 pays de la région. L'Afrique occidentale est moins frappée que l'Afrique australe. Les taux de prévalence s'élèvent à 36% au Botswana, 20% en Afrique du Sud où, selon l'OMS, 4,7 millions de personnes sont contaminées en 2001, soit 1 sud-africain sur 9 chez les 15-49 ans. Des campagnes de prévention efficaces ont permis d'abaisser le taux de prévalence de 14% en 1990 à 8% en 1999 en Ouganda. En Afrique du Sud, des distributions gratuites ont permis de faire passer la distribution de préservatifs de 6 millions en 1994 à 198 millions en 1999. Le Botswana commence à fournir les médicaments antirétroviraux après négociation de leur prix avec les compagnies pharmaceutiques, pratique qui concerne fin 2001 plus de 10 pays africains.

Les conséquences du SIDA sont aujourd'hui perceptibles dans le recul de l'espérance de vie à la naissance (figure 12). On estime qu'une espérance de vie à la naissance de 50 ans accompagnée d'un taux de prévalence du VIH de 15% produirait un recul à terme de l'espérance de vie de 15 ans et pour un taux d'accroissement naturel de 3,4%, un recul à 2,5% (il faudrait un taux de prévalence de 50% pour provoquer une croissance nulle de la population). On estime qu'au lieu de 64 ans sans SIDA pour 2010-2015, l'espérance de vie à la naissance retomberait à 47 ans pour l'Afrique du Sud, le Botswana, le Kenya, le Malawi, le Mozambique, la Namibie, le Rwanda, la Zambie et le Zimbabwe. On assiste à une hausse des taux de mortalité infanto-juvénile, à une augmentation du nombre des orphelins du SIDA, ils seraient 11,2 millions fin 1999, et à un développement compromis car le Sida touche une tranche d'âge d'actifs souvent qualifiés qui font d'ores et déjà défaut aux entreprises et à l'administration. Comme l'exprime fort justement le Dr Peter Piot, Directeur exécutif d'Onusida « Le SIDA est plus qu'une épidémie, c'est une crise du développement humain ».

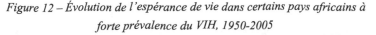

Figure 12 – Évolution de l'espérance de vie dans certains pays africains à forte prévalence du VIH, 1950-2005

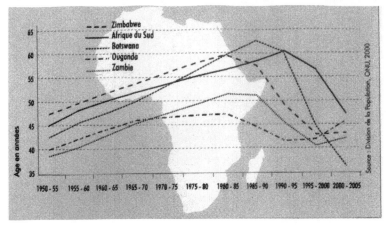

Source : *Le point sur l'épidémie de SIDA : décembre 2001, ONUSIDA/OMS.*

Si la progression du virus est aujourd'hui freinée dans les pays riches, elle explose dans les pays pauvres exclus de l'accès aux soins par les coûts élevés liés aux pratiques de l'industrie pharmaceutique, entreprises occidentales et nord américaines principalement. Une bataille a été gagnée contre le puissant lobby pharmaceutique après le procès avorté de Pretoria.

Le 19 avril 2001, sous la pression de pétitions internationales[11], du Parlement européen et des employés des laboratoires des grandes firmes productrices, 39 laboratoires pharmaceutiques ont abandonné leurs poursuites contre le gouvernement sud-africain qui avait fait voter en novembre 1997 une loi permettant d'importer des médicaments génériques à bas prix et d'octroyer des licences obligatoires : avec 2% du marché mondial des médicaments, la production de génériques par l'Afrique du Sud peut difficilement concurrencer les grands groupes pharmaceutiques ! Mais lors de la conférence de l'OMC qui s'est tenue à Doha du 9 au 13 novembre 2001, la demande des pays pauvres de pouvoir se fournir auprès des pays producteurs de médicaments

---

[11] La pétition lancée par MSF en avril 2001 « La protection des vies humaines doit passer avant celle des brevets » a recueilli 270 000 signatures dans plus de 130 pays.

génériques n'a pas abouti, avec pour seule réponse la formation d'un groupe de travail devant proposer une solution pour la fin de 2002.

Comme l'écrit J.Vallin « le SIDA, maladie mystérieuse à plus d'un titre, est aussi une maladie sexuellement transmissible et, quand le mystère rejoint le sexe, la tentation est forte de raisonner en terme de bien et de mal pour désigner le coupable ».

Les données quantitatives et qualitatives concernant la maladie sont très inégales d'un pays à l'autre ; elles sont par ailleurs difficiles à appréhender. Il y aurait 14 000 nouveaux cas d'infection à VIH par jour en 2001 dont 95% dans les pays en voie de développement. Le tableau qui suit, construit à partir des données du « Rapport sur l'épidémie mondiale de VIH/SIDA », juin 2001, est à considérer par ses ordres de grandeurs qui peuvent en partie différer d'informations fournies précédemment :

Tableau 15 – Le SIDA, décembre 2001, selon les régions du monde

La pandémie selon les régions du monde , décembre 2001	
Amérique du Nord	940 000
Caraïbes	420 000
Amérique du Sud et Centrale	1 400 000
Europe occidentale	560 000
Afrique du Nord et Moyen Orient	440 000
Afrique subsaharienne	28 100 000
Europe orientale et Asie centrale	1 000 000
Asie de l'est et Pacifique	1 000 000
Asie du sud et du sud-est	6 100 000
Australie et Nouvelle –Zélande	15 000
Total	**40 000 000**

Tableau 16 – Quelques données sur le SIDA en 2001

Nouveaux cas d'infection à VIH en décembre 2001		
	Total	5 millions
	Adultes	4,3 millions
	Femmes	*1,8 millions*
	Enfants < 15 ans	*800 000*
Nombre de personnes vivant avec le VIH/SIDA		
	Total	40 millions
	Adultes	37,2 millions
	Femmes	*17,6 millions*
	Enfants < de 15 ans	*2,7 millions*
Décès dus au SIDA en 2001		
	Total	3 millions
	Adultes	2,4 millions
	Femmes	*1,1 million*
	Enfants < de 15 ans	*580 000*
Nombre total de décès dus au SIDA depuis le début de l'épidémie		
	Total	18,8 millions
	Adultes	15,0 millions
	Femmes	*7,7 millions*
	Enfants < de 15 ans	*3,8 millions*
Nombre total d'orphelins du SIDA depuis le début de l'épidémie		
		13,2 millions

c) *Évolution de la mortalité en France depuis 1950 ; accentuation de la surmortalité masculine*

Une modification des causes de décès au cours des cinquante dernières années en France s'est accompagnée d'une accentuation de la surmortalité masculine qui semble connaître un tassement ces dernières années.

L'évolution du nombre de décès entre les années 1950 et 2000 témoigne d'une grande stabilité : 534 294 en 1950, 538 300 en 2000. Mais entre ces deux dates, la population a progressé de 41,6 à 58,9 millions et le nombre de personnes âgées a été multiplié par 2, passant de 3 à plus de 6 millions. La stabilité du nombre de décès masque un fort recul de la mortalité au cours de la deuxième moitié du XXᵉ siècle. En dépit du vieillissement de la population, les plus de 65 ans représentaient 11% de la population en 1950, ils en représentent 16% en 2000, le taux de mortalité a chuté de 14‰ à 9,1‰ entre 1950 et 2000. A structure de population identique à celle de 1950, le taux de mortalité en 2000 aurait été divisé par deux et serait de 7‰.

L'espérance de vie à la naissance, indicateur non soumis à l'effet de structure, est révélatrice de la tendance : 63,4 ans pour les hommes et 69,2 ans pour les femmes en 1950, et respectivement 75,5 ans (espérance de vie qui est celle des femmes en 1968) et 83 ans en 2001. Si les femmes en France connaissent la plus grande longévité au sein de l'Union européenne (82,7 ans pour 80,9 en moyenne de l'Union en 2000), la situation relative des hommes est moins bonne du fait d'une surmortalité à tous les âges par rapport aux femmes (75,2 ans pour une espérance de vie moyenne de l'Union de 74,6 ans).

Sur la période 1950-2000, le classement des causes de décès a subi des changements : certaines maladies sont en déclin, les maladies infectieuses, les anomalies congénitales et les causes périnatales de décès, les maladies cardiovasculaires, d'autres au contraire progressent, les cancers, les maladies de l'appareil digestif, les troubles mentaux d'origine alcoolique. Ces évolutions contrastées ont conduit à une modification de la hiérarchie des causes de décès sur la période. Les maladies cardiovasculaires régressent du 1ᵉʳ au 2ᵈ rang, les maladies infectieuses du 2ᵉᵐᵉ au 5ᵉᵐᵉ rang, les cancers du 3ᵉᵐᵉ au 1ᵉʳ rang.

En France, actuellement, la mortalité dite précoce, terme relatif à un pays où l'espérance de vie à la naissance est élevée, concerne les décès qui surviennent avant 65 ans. Elle est plus importante en France que dans les pays voisins et 3 fois plus importante chez les hommes que chez les femmes. Elle représente un quart des décès dont quasiment la moitié sont dus aux cancers, liés pour certains à l'association alcool-tabac, aux morts violentes, essentiellement les accidents de la circulation et les suicides. On considère que 50% des décès prématurés pourraient être évités par une réduction des comportements à risque et par une amélioration du système de santé, en particulier en développant le dépistage. Prévention du tabagisme, des accidents de la circulation, des suicides constituent pour l'avenir les principaux enjeux de santé publique.

Outre les disparités sociales et géographiques, les inégalités hommes-femmes constituent un trait majeur de la mortalité en France. La baisse de la mortalité s'est accompagnée dans les pays développés de l'accentuation de la surmortalité masculine qui semblerait connaître depuis quelques années une stabilisation voire une régression. Le rapprochement des comportements et des statuts faisait pronostiquer dans les années 1960 une réduction des écarts de mortalité entre hommes et femmes. Or les écarts se sont accentués. Dans les pays développés, l'écart d'espérance de vie entre sexes, qui était de 5,7 ans pour la période 1950-1955, est de 6 ans en 2000. En France, de 3,7 ans après la Première Guerre mondiale, l'écart est passé à 5,5 ans après la seconde et à 8,2 ans en 1991. Il est de 7,5 ans en 2000. Bien que l'espérance de vie ait augmenté pour les deux sexes depuis plus de deux siècles, elle a progressé durablement plus vite pour les femmes que pour les hommes. Les quotients de mortalité masculins sont à tous les âges supérieurs aux quotients féminins. Cette situation n'est pas universelle. Dans la France des XVIIIe et du XIXe siècle et dans certains pays en voie de développement aujourd'hui, la surmortalité féminine traduit la double réalité d'une dévalorisation du sexe féminin ainsi que des mauvaises conditions entourant la grossesse et l'accouchement. La surmortalité féminine aux jeunes âges (5-9 ans) et aux âges de la maternité (25-39 ans) traduit les conditions culturelles et sociales du sexe féminin dans certaines sociétés. Si la valeur d'une femme n'est, à en croire Pierre Joseph Proudhon, que les 8/27 de celle de l'homme, la société n'a pas à se mobiliser également face à la mort des hommes et des femmes !. Au XIXe siècle la tuberculose et la grippe touchaient davantage les petites filles, moins bien soignées, moins bien nourries que les petits garçons. Au Bengladesh aujourd'hui, pour les enfants de moins de 5 ans, la mortalité des filles est supérieure de moitié à celle des garçons. En Inde, les enquêtes révèlent qu'un tiers des femmes auraient supprimé leur fille et bien que puni par la loi, l'infanticide est pratiqué mais reste difficile à prouver. L'infanticide féminin est un produit de la pauvreté dans un pays où la coutume de la dot fait pression sur les familles. Sans dot pour la fille, pas de mariage et sans mariage, une fille indienne est marginalisée voire soupçonnée d'une tare cachée : on comprend ainsi que 85% des avortements dans un des hôpitaux de Bombay sont pratiqués sur des fœtus de filles.

Selon l'OMS, en 1997, 500 000 morts maternelles surviennent dans le monde mais une inégalité majeure oppose les pays développés et les pays peu développés : alors que pour 100 000 naissances, on enregistre en moyenne 10 décès de mères dans les pays développés, on en dénombre 470 pour les pays en développement et 1 100 pour les pays les moins avancés. En 1999, sur les 600 000 morts maternelles, 160 000 ont lieu en Afrique.

La surmortalité masculine est donc un phénomène relativement récent mais généralisé dans les pays développés. L'amélioration du statut des femmes qui accompagne le développement économique et social redonne force à l'avantage biologique. Si l'on dépasse la reconnaissance de la « simple reconquête d'un avantage "naturel" des femmes », puisqu'il est admis qu'elles bénéficient, de par leur constitution biologique, de meilleures chances de survie, quelles sont les raisons de cette surmortalité masculine à tous les âges ? Tout se passe comme si les facteurs impliqués dans ce mouvement étaient de plus en plus actifs ; la courbe représentant le rapport de surmortalité masculine en fonction de l'âge se déplace tout entière vers le haut au cours de la deuxième moitié du XXe siècle (figure 13). Le rapprochement des comportements masculins et féminins n'a pas effacé les différences. La consommation d'alcool et de tabac, la conduite automobile, la présence dans les secteurs d'activités à risques, demeurent des facteurs de différenciation mais ils ne peuvent à eux seuls expliquer la longue aggravation de la surmortalité masculine. L'exaltation de la virilité et la culture de la féminité renvoient les hommes et les femmes à des choix et des comportements différents en société. Selon Jacques Vallin, les femmes auraient su tirer meilleur profit des possibilités offertes par le progrès sanitaire, atout renforcé par un niveau général d'instruction supérieur à celui des hommes.

La longue période d'accentuation de la surmortalité masculine semble connaître un renversement. Ainsi, en France entre 1981 et 1991, hommes et femmes ont gagné chacun 2,6 années d'espérance de vie alors que l'écart s'était creusé sur près de deux siècles. Ce constat tend à se généraliser avec un maximum de réduction en Angleterre, où les hommes gagnent 0,23 an par an sur 1980-1989 contre 0,14 an pour les femmes.

En 1997, le rapport de surmortalité masculine selon l'âge en France présente deux pics, l'un autour de 20-24 ans, l'autre de 60-64 ans (tableau 17, figure 13) :

Tableau 17 – Rapport de surmortalité masculine selon l'âge en France, 1997

Age	< 1an	1-4	5-9	10-14	15-19	20-24	25-29	30-34	35-39	40-44
m_x^H (‰)	5,3	0,30	0,17	0,18	0,64	1,14	1,19	1,43	1,99	3,03
m_x^F (‰)	4,1	0,26	0,11	0,13	0,27	0,37	0,40	0,59	0,87	1,33
RSM	**129**	**115**	**154**	**138**	**237**	**308**	**297**	**242**	**228**	**227**

Age	45-49	50-54	55-59	60-64	65-69	70-79	80 et +
m_x^H (‰)	4,58	6,53	9,5	14,6	22,0	40,6	130
m_x^F (‰)	1,99	2,87	3,9	5,6	8,9	19,3	102
RSM	**230**	**227**	**243**	**260**	**247**	**210**	**127**

Figure 13 – Évolution du rapport de surmortalité masculine selon l'âge, France 1997

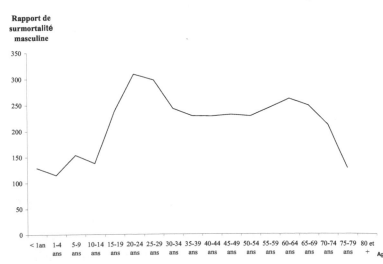

Vers 1945, la surmortalité masculine selon l'âge présente un maximum sous forme d'un plateau allant de 45 à 60 ans, âges auxquels les décès liés au tabac, à l'alcool et aux risques professionnels sont les plus importants.

Vers 1960, apparaît une courbe bimodale, forme qui demeure dès lors. La fréquence des décès pour les 20-24 ans est 2 fois plus importante chez les garçons que chez les filles en 1960, 2,5 fois plus en 1970, plus de 3 fois en 1980, 3,3 fois en 1991 et 3,08 en 1997 : à la mortalité routière s'ajoutent les suicides, le sida et la toxicomanie. Vers 60 ans, un second sommet se dessine avec les maladies cardiovasculaires et les tumeurs.

L'ANALYSE DEMOGRAPHIQUE DE LA FECONDITE

Natalité et fécondité s'intéressent à un même événement démographique, les naissances vivantes. La natalité les appréhende par rapport à l'ensemble de la population, la fécondité par rapport à la population féminine en âge de procréer, de 15 ans (âge légal du mariage dans de nombreux pays) à 49 ans (fin de période de fertilité des femmes). Une étude en terme de fécondité marque l'intérêt particulier porté aux circonstances de la procréation. Le niveau des naissances à un moment donné dépend de l'importance des classes d'âge fécondes et de leur structure par âge, du calendrier des naissances et des comportements de fécondité. Des taux globaux ou spécialisés permettent de mesurer la fréquence et l'intensité de la fécondité.

Le taux brut de natalité et les taux de fécondité

Les taux, outils de l'analyse du moment, mesurent la fréquence des naissances dans une population à une période donnée.

a)   Le taux brut de natalité

L'indicateur global de natalité, le taux brut de natalité, noté TBN, rapporte les naissances vivantes de l'année à la population moyenne. Il s'exprime pour mille personnes.

$$TBN = \frac{\text{Naissances vivantes}}{\text{Population moyenne}} \quad (‰)$$

Les naissances vivantes en France en 2001(données provisoires) s'élèvent à 774 800 pour une population, en milieu d'année, de 59 190 600 habitants. Le taux brut de natalité pour 2001 est de 13,1 ‰.

La proportion des femmes de 15 à 49 ans dans la population est relativement stable ; elle représente environ un quart de la population totale. les différences entre pays portent sur les tranches d'âges en amont et en aval des âges féconds. Le taux brut de natalité est donc, contrairement au taux brut de mortalité, un bon indicateur pour comparer la natalité entre pays ou pour un même pays à des dates différentes, car ce taux est faiblement soumis à l'effet de structure. Le large éventail de ces taux dans le monde aujourd'hui est donc essentiellement révélateur de particularités socioculturelles. Entre le taux brut de natalité le plus élevé, 50 ‰ au Mali et en Angola et le taux le plus faible, 8 ‰ en Ukraine et en Chine-Hong Kong pour l'année 2001, apparaissent deux types de fécondité qui coexistent dans le monde contemporain : une fécondité dite « naturelle » et une fécondité « dirigée ».

L'impact des facteurs socioculturels sur la natalité impose de distinguer la fécondité « naturelle », caractérisée par des taux de natalité de l'ordre de 50‰, et la fécondité « dirigée », avec des taux de natalité d'environ 10‰. Le qualificatif de naturel reste à justifier, ne serait-ce qu'en raison des critiques qu'il a pu soulever. Nous retenons la définition, largement partagée par les démographes, de Louis Henry qui considère comme naturelle « la fécondité qui existe (ou a existé) en l'absence de régulation volontaire des naissances »[12]. Si l'adjectif « naturel » ne satisfait pas pleinement l'auteur, il le préfère à celui de « physiologique », car les facteurs en jeu dans la fécondité naturelle ne sont pas seulement physiologiques. Des facteurs sociaux, tels que l'âge au mariage, la durée de l'allaitement, les tabous sexuels durant

---

[12] Définition proposée par L. Henry en 1961 dans un article de *Eugenics Quarterly* "Some data on natural fertilily" et reprise lors des *Entretiens de Mahler* le 17 octobre 1987 sous le thème "Faut-il se débarrasser de la fécondité naturelle ?"

l'allaitement, peuvent limiter la fécondité sans pouvoir être considérés comme relevant d'une volonté consciente de maîtrise de la fécondité, maîtrise qui n'existe vraiment que lorsque le comportement du couple dépend du nombre d'enfants déjà nés.

L'histoire démographique offre un modèle vivant qui, du fait du maintien durable de l'homogénéité culturelle du groupe, permet d'appréhender le niveau de la fertilité humaine vue comme une fécondité biologique fonctionnant hors de toute norme sociale : les Huttérites, secte protestante anabaptiste fondée en 1521 par Thomas Münzer. Après s'être réfugiés en Russie à la suite de persécutions en Suisse et en Bohême, les membres de la secte s'installent aux Etats-Unis vers 1870 au Dakota du Sud, région du nord des USA. Entre les deux recensements de 1880 et de 1950 la population a été multipliée par 19 (comme ordre de grandeur, de 39 millions en 1880 la France auraient eu en 1950 une population non de 42 millions mais de 750 millions de personnes). La descendance finale est de 10 enfants par femme ; c'est une population jeune avec 50% de moins de 20 ans, un taux brut de natalité de 46‰, un taux de mortalité de 5‰, un taux de mortalité infantile de 49,5‰. Le taux d'accroissement naturel était donc de 4,1%.

Dans cette société, deux facteurs limitent la fécondité : l'âge au mariage car les naissances ont lieu dans le mariage, et le décès des femmes avant 49 ans ou celui du mari avant la fin de période de fécondité de la femme car le remariage des veuves est peu fréquent. Une fécondité non soumise à ces limites, s'établirait autour de 12 à 13 enfants par femme. La fertilité est une notion physiologique qui ne fait que fixer un maximum qu'aucune société n'a atteint.

b)   Les taux de natalité spécialisés ou taux de fécondité

Ces taux rapportent les naissances aux personnes dont elles sont issues. Les bornes délimitant les âges de procréation étant mieux définies pour les femmes que pour les hommes, on retient au dénominateur les effectifs féminins de 15 à 49 ans. Le taux global de fécondité générale, ou taux de fécondité, rapporte les naissances vivantes d'une année à l'effectif moyen des femmes en âge de procréer cette même année. Il mesure la fréquence des naissances dans la population féminine de 15 à 49 ans :

$$\text{TGFG} = \frac{\text{Naissances vivantes}}{\text{Population moyenne des femmes de 15-49 ans}}$$

$$= \frac{N.V}{P_{15\text{-}49}{}^{F}}$$

La fécondité est dite globale car elle concerne l'ensemble des femmes de 15 à 49 ans et générale car elle comprend l'ensemble des naissances dans et hors mariage. Depuis 1965 en France, la proportion des naissances hors mariage a fortement augmenté (tableau 18).

Tableau18 – Nombre total des naissances et de naissances hors mariage depuis 1965, France

Année	Total	Hors mariage	%
1965	862 333	50 888	5,9
1970	847 783	57 866	6,8
1975	745 065	63 429	8,5
1980	800 376	91 115	11,4
1985	768 431	150 492	19,6
1990	762 407	229 107	30,1
1991	759 056	241 628	31,8
1992	743 658	246 900	33,2
1993	711 610	248 331	34,9
1994	710 993	256 653	36,1
1995	729 609	274 210	37,6
1996	734 338	285 914	38,9
1997	726 768	290 848	40,0
1998	738 080	300 546	40,7
2000*	774 800	330 000	42,6

*provisoire, **Source** : INSEE

Au cours des décennies 80 et 90, la proportion des naissances hors mariage en France se rapproche du « modèle scandinave » ; en 1992, elle était de 50% en Suède, 46% au Danemark, 42% en Norvège. La situation des pays de l'Union Européenne connaît cependant de fortes disparités (tableau 19).

Tableau 19 – Proportion des naissances hors mariage, 1996 dans quelques
pays de l'U.E

Pays	Naissances hors mariage %
Allemagne	17,1
Belgique	15
Danemark	46,3
G-B	35,5
Grèce	6,3
Irlande	24,8
Italie	8,3
Portugal	19,5
Suède	53,9

Ce mouvement accompagne le net recul du mariage : en France en 1968, un couple sur 35 n'était pas marié, en 1998, c'est le cas d'un couple sur 6. Sur les 29,6 millions de personnes vivant en couples, 24,8 millions sont mariées avec leur conjoint et 4,8 millions ne le sont pas. La cohabitation juvénile des années 70 s'étend progressivement à tous les âges et touche tous les milieux. A partir de 1972, la nuptialité connaît un profond changement : d'intense et précoce les mariages sont moins fréquents et plus tardifs. Avec 331 100 mariages en 1950 le taux de nuptialité s'élevait à 7,9‰. Depuis 1983, le nombre de mariages est resté inférieur à 300 000, la hausse des mariages en 1996 et 1997 à la suite des modifications des règles d'imposition (amendement Courson), 254 700 en 1995, 280 100 en 1996 et 284 000 en 1997 s'inscrit dans une tendance dont on ne peut prévoir l'ampleur, en 2000, les 304 300 mariages ont fait remonter le taux de nuptialité à 5,2‰ alors qu'il était de 4,4‰ de 1993 à 1995.

Lors des comparaisons internationales, le taux global de fécondité générale apporte peu de progrès par rapport au taux brut de natalité du fait de la stabilité de la proportion des femmes de 15 à 49 ans dans la population. Le dénominateur du taux global de fécondité générale représente environ un quart de la population totale. Notons P_T la population totale, P_F la population féminine, $P_{15\text{-}49}{}^F$ la population féminine de 15 à 49 ans :

$$P_T \sim 2\,P_F \sim 2.\,2\,P_{15\text{-}49}{}^F \sim 4.\,P_{15\text{-}49}{}^F$$

Le taux global de fécondité générale représente donc grossièrement quatre fois le taux brut de natalité. Dans le monde contemporain, il se situe dans une large fourchette qui va de 40‰ à 180‰.

Dans le calcul du taux global de fécondité générale, 35 générations sont confondues ; or la fécondité connaît une grande variabilité selon l'âge. L'influence de la structure par âge sur ce taux nécessite la construction d'indices rapportant les naissances issues de femmes d'un âge donné à l'effectif moyen des femmes de cet âge. On obtient ainsi des taux de fécondité par âge, révélateurs des contraintes physiologiques, des règles sociales et des comportements volontaires liés au contrôle des naissances. Un taux de fécondité à l'âge x indique le nombre d'enfants pour 1 000 femmes d'âge x.

$$fx = \frac{\text{Naissances vivantes issues des femmes d'âges x}}{\text{Population moyenne des femmes d'âge x}}$$

Pour les pays qui ne pratiquent pas le contrôle des naissances, les taux de fécondité par âge constituent de bons indices de fécondité. Pour les autres pays, ces taux sont insuffisants ; d'autres critères sont alors à associer, tels que l'âge des femmes au mariage et la durée du mariage ou de la cohabitation

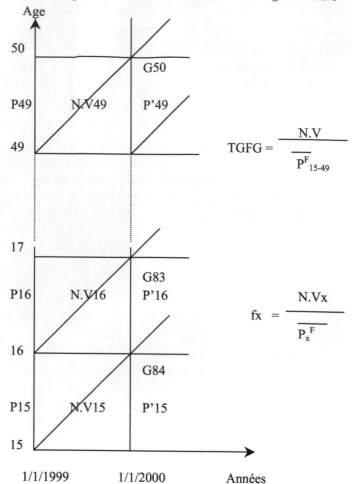

Figure 14 – Diagramme de Lexis des naissances selon l'âge de la mère

$$TGFG = \frac{N.V}{\overline{P^F}_{15\text{-}49}}$$

$$fx = \frac{N.Vx}{\overline{P_x^F}}$$

Quel que soit le pays, la courbe des taux de fécondité par âge présente une allure en forme de cloche comme en témoigne la figure 15 qui coreprésente les taux de fécondité selon l'âge en France et en Algérie à différentes périodes.

En France, sur la dernière décennie, on note une diminution des taux de fécondité avant l'âge correspondant au taux maximum, une augmentation aux âges ultérieurs avec un déplacement de l'âge où la fécondité est la plus forte, qui passe de 25 à 27 ans entre 1979 et 1989. On observe simultanément un retard et un resserrement des âges à la fécondité (figure 15). En rupture avec les années précédentes mais pour la deuxième année consécutive, la fécondité des femmes de moins de 30 ans augmente de même qu'augmente et de façon plus marquée, la fécondité des femmes de plus de 30 ans auxquelles on doit deux tiers de la hausse de l'indicateur conjoncturel de fécondité. Les femmes ont leurs enfants de plus en plus tard, l'âge moyen à la maternité a augmenté de deux ans entre 1985 et 2001 ; il est de 29,4 ans en 2001.

En Algérie, la décennie 1980 est celle de la transition de la fécondité : on assiste à une baisse des taux de fécondité à tous les âges avec déplacement des âges de fécondité maximale de 25-29 ans vers la tranche de 30-34 ans (tableau 21).

Tableau 20 – Taux de fécondité par groupes d'âge de la mère,
France 1983,1997
(Pour 1000 femmes de chaque groupe d'âge)

Ensemble		- de 20 a	20-24 a	25-29 a	30-34 a	35-39 a	40-44 a	45-49 a
1983	56,2	13,8	104	**135**	72	26,2	5,4	0,39
1997	49,6	6,8	53	**126**	104	42,5	8,9	0,45

Tableau 21 – Taux de fécondité par groupes d'âge de la mère,
Algérie1978-1992
(pour 1000 femmes de chaque groupe d'âge)

	- de 20 a	20-24 a	25-29 a	30-34 a	35-39 a	40-44 a	45-49 a
1978-82	79	297	**336**	308	248	121	32
1982-87	42	234	**319**	278	234	124	32
1987-92	21	143	214	**220**	164	92	23

Figure 15 - Taux de fécondité selon l'âge de la mère, France/Algérie

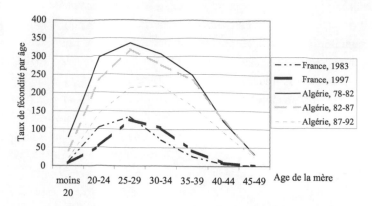

Les taux de fécondité par âge permettent de connaître à l'état pur la propension des femmes à procréer. Les 35 taux obtenus chaque année servent à la construction d'indices synthétiques de fécondité dont le plus utilisé est l'indicateur conjoncturel de fécondité, l'ICF.

Indice de fécondité du moment, indice de fécondité de génération et taux brut de reproduction

Comme dans toute analyse démographique, la fécondité peut s'appréhender selon les approches transversales ou longitudinales. L'analyse s'appuie sur un indicateur qui exprime une descendance finale d'une génération fictive ou réelle observée en l'absence de mortalité des femmes.

a) Indice de fécondité du moment

Afin d'apprécier les comportements purs de fécondité, il faut éliminer les effets de la structure par âge présents dans le calcul du taux global de fécondité. On calcule pour cela un indice synthétique de fécondité.

Un taux de fécondité par âge exprime le nombre d'enfants pour 1 000 femmes de l'âge considéré. Si l'on fait, pour une année donnée, la somme des 35 taux de fécondité par âge, on calcule la descendance finale d'une génération fictive, qui aurait à chaque âge les taux de fécondité de l'année.

Il s'agit d'une descendance finale brute car elle est calculée en l'absence de mortalité des femmes. L'indicateur obtenu a trois appellations selon que l'accent est mis sur la période d'observation, sur le mode de calcul ou sur l'aspect synthétique de la mesure, mais il s'agit d'un seul et même indicateur nommé :

- indice conjoncturel de fécondité
- somme des naissances réduites
- indice synthétique de fécondité

La deuxième appellation insiste sur la technique de la sommation des taux, qui revient à pondérer de façon identique toutes les classes d'âge de 15 à 49 ans. On réduit la structure de l'effectif de femmes à 1 000 femmes de chaque âge. Il s'agit d'un indice du moment qui ne préjuge en rien des comportements futurs car une variation de l'indice peut aussi bien exprimer une modification du calendrier des naissances qu'une modification du comportement de procréation.

Définition : L'indicateur conjoncturel de fécondité mesure la descendance finale brute d'une femme d'une génération fictive qui aurait à chaque âge les taux de fécondité de l'année. Cet indice mesure l'intensité de la fécondité d'une année.

$$ICF = \sum_{i=15}^{49} f_i$$

Il s'exprime en enfants par femme.

Définition : L'intensité de la fécondité mesure la fréquence d'apparition des naissances au sein d'une cohorte.

En France, en 2001(donnée provisoire), l'ICF est de 1,897 enfants par femme contre 1,793 en 1999 ; l'ICF retrouve son niveau des années 80 (tableau 23) :

Les indicateurs du moment subissent les à coups de la conjoncture ; les indicateurs longitudinaux effacent les effets de calendrier. L'âge des mères à la naissance des enfants n'a plus d'effet direct sur les indicateurs de génération.

b)   *Indice de fécondité de génération*

Cet indice mesure les comportements d'une génération de femmes arrivées au terme de leur période de procréation. Si l'on fait la somme des naissances que 1 000 femmes d'une génération ayant achevé leur descendance déclarent avoir eu, on obtient un indicateur qui a le même

sens que l'indice conjoncturel de fécondité, c'est la descendance finale
brute D_W, nombre d'enfants par femme d'une génération réelle,
observée en l'absence de mortalité,

$$D_w = \frac{\sum\limits_{i=15}^{49} NV(i, i+1)}{1\ 000}$$

où NV (i, i + 1) exprime le nombre de naissances entre les âges i et
i + 1. Le calcul de la descendance atteinte à un certain âge permet de
comparer les comportements de procréation de différentes générations.
Ainsi, la descendance à 25 ans était de 0,96 pour la génération
féminine française née en 1940 et de 0,49 pour la génération née en
1965.

L'indice conjoncturel de fécondité et la descendance finale brute
d'une femme d'une génération réelle sont des mesures de l'intensité de
la fécondité ; ils expriment le nombre d'enfants par femme d'une
génération fictive ou réelle observée en l'absence de mortalité des
femmes. Ce ne sont pas des indicateurs de renouvellement de
génération ces derniers devant nécessairement prendre en compte la
fécondité et la mortalité.

L'analyse longitudinale de la fécondité a pour inconvénient le
délai de 50 ans nécessaire à l'observation. Mais, seule la descendance
finale de la génération permet d'éliminer les effets de calendrier.

L'indice conjoncturel ne peut être interprété en termes de
renouvellement de génération qu'en période longue de stabilité de
l'âge moyen des mères à la naissance des enfants. En France, pour les
générations de femmes nées en 1940-1945, 40% des femmes n'avaient
pas eu d'enfants à 25 ans, proportion qui s'élève à 52% pour les
générations 1955-1959 et à plus de 60% pour les générations 1960-
1964. Parallèlement la proportion des femmes ayant leur premier
enfant après 30 ans s'accroît. Une analyse du renouvellement des
générations s'appuie sur des indices dits nets, qui prennent en compte
la mortalité et la fécondité du moment ou de la génération.

Tableau 22 – La fécondité des générations dans quelques pays d'Europe occidentale et âge moyen à la maternité

	Descendance finale (pour une femme)			Age moyen à la maternité (années)			Dernière année disponible
Générations	**1950**	**1955**	**1960**	**1950**	**1955**	**1960**	
Allemagne	1,72	1,67	1,63	25,8	26,5	26,9	1995
Espagne	2,19	1,90	1,72	27,3	27,2	27,6	1994
France	2,11	2,13	2,09	26,5	27,0	27,6	1996
Grèce	2,06	2,00	1,92	26,2	25,8	25,9	1995
Irlande	3,04	2,68	2,40	28,6	28,5	28,9	1995
Italie	1,88	1,79	1,63	26,9	27,0	27,7	1994
Portugal	2,04	2,00	1,86	26,8	26,2	26,4	1995
Royaume-Uni	2,06	2,02	1,94	26,5	27,2	27,7	1994
Suède	2,00	2,03	2,03	27,1	28,0	28,6	1996
Suisse	1,79	1,75	1,76	27,2	28,1	28,6	1996

Source : *Eurostat*

c) Taux brut de reproduction du moment et taux brut de reproduction de génération

A partir de la descendance finale brute d'une génération fictive (ICF) ou réelle (D_w), on construit un indicateur qui fait intervenir le taux de féminité des naissances. On ramène un nombre d'enfants par femme à un nombre de filles par femme en prenant en considération la stabilité de la proportion des naissances de filles dans l'ensemble des naissances. Il naît en moyenne 100 filles pour 105 garçons ; le taux de féminité des naissances rapporte les naissances de filles au total des naissances :

$$tf = \frac{100}{100 + 105} = 0,488$$

Définition : Le taux brut de reproduction noté R, mesure la descendance finale brute réduite aux filles pour une femme d'une génération fictive ou réelle.

Le taux brut de reproduction du moment

Cet indicateur exprime le nombre de filles par femme d'une génération fictive non soumise à la mortalité et qui aurait à chaque âge les taux de fécondité observés une année donnée :

$$R = tf \cdot ICF = tf \cdot \sum_{i=15}^{49} f_i$$

Ainsi, en 2001 en France, le taux brut de reproduction s'élève à :

$$R = 0{,}488 \cdot 1{,}897 = 0{,}9257 \quad \text{fille par femme}$$

Avec les taux de fécondité de l'année 2001, en l'absence de mortalité, 10 000 femmes seraient remplacées par 9257 filles. Le taux brut de reproduction constitue une mesure de l'intensité de la fécondité. Il ramène l'ICF, nombre d'enfants par femme, au nombre correspondant de filles mais il n'est pas un indicateur de renouvellement puisque la génération féminine est observée en absence de mortalité. Mais avec un TBR inférieur à 1, le taux net de reproduction est nécessairement inférieur lui-même à 1, qui représente le niveau de remplacement de la génération fictive.

Tableau 23 – Indicateur conjoncturel de fécondité
et taux brut de reproduction – France, de 1946 à 2001

Année	ICF	Taux brut de reproduction
1946	2,98	1,45
1947	3,02	1,47
1948	2,99	1,46
1960	2,73	1,33
1965	2,83	1,39
1970	2,47	1,20
1975	1,92	0,94
1980	1,94	0,95
1985	1,81	0,88
1990	1,78	0,87
1996	1,72	0,84
1997	1,71	0,83
1998	1,76	0,86
1999	1,79	0,87
2000(p)	1,89	0,92
2001(p)	1,90	0,93

Source : Ined.fr/population en chiffres

Le taux brut de reproduction de génération R^G

Il exprime le nombre de filles par femme d'une génération réelle observée en l'absence de mortalité. Il représente la descendance finale brute réduite aux filles pour une femme de la génération considérée.

$$R^G = tf.D_w^G = tf. \sum_{i=15}^{49} NV (i, i + 1) / 1000$$

$NV (i, i + 1)$ = nombre de naissances entre les âges i et i +1 pour 1 000 femmes de cet âge.

Le taux brut de reproduction de la génération féminine née en 1950 en France, génération qui est arrivée au terme de sa période de reproduction en 2000, s'élève à :

$$R = tf. D_w^{1950} = 0,488 .2,11 = 1,029 \text{ filles par femme}$$

1 000 femmes en l'absence de mortalité seraient remplacées par 1 029 filles. Le remplacement réel sera inférieur du fait de la mortalité des femmes aux âges antérieurs à 50 ans : à l'aide d'un taux brut de reproduction, on mesure l'intensité de la fécondité.

Pour apprécier la fécondité à l'état pur, il fallait ne pas tenir compte de l'effet de la mortalité sur l'effectif des femmes et de la structure par âge de la population féminine. Lorsqu'on s'intéresse à la reproduction il faut tenir compte de la mortalité des femmes jusqu'à la fin de leur période de procréation. Au-delà de cinquante ans, la mortalité dans une génération de femmes n'a plus d'impact sur le renouvellement de cette génération, sauf évolution marquante entre l'espérance de vie des mères et celle des filles.

Rang de naissance et probabilité d'agrandissement

Certains indicateurs permettent, à partir du rang des naissances, de donner des informations sur la taille des descendances des femmes d'une génération. La notion de rang de l'enfant est abordée ici pour la mère (sachant qu'elle peut l'être pour le père ou pour le couple), à partir de l'exemple fourni par M.L. Levy (n°206 de Population et Sociétés) :

1 000 femmes de la génération 1931 ont eu en moyenne : 876 enfants de rang 1, 700 enfants de rang 2, 442 enfants de rang 3, 590 enfants de rang 4 ou plus. Soit un total de 2 608 enfants ou encore 2,608 enfants par femme.

A partir de ces données, trois types de proportions peuvent être calculés :

- par rapport au nombre de femmes, (87,6% des femmes de la génération 1931 ont eu au moins un enfant, 70% au moins 2 enfants, 44% au moins 3 enfants).

- par rapport au nombre d'enfants ; parmi les 2 608 enfants, on compte :

$$876 / 2\ 608 \quad = \quad 33,6\% \text{ enfants de rang 1}$$
$$700 / 2\ 608 \quad = \quad 26,8\% \text{ enfants de rang 2}$$
$$442 / 2\ 608 \quad = \quad 16,9\% \text{ enfants de rang 3}$$
$$590 / 2\ 608 \quad = \quad 22,6\% \text{ enfants de rang 4 ou plus}$$

- par rapport au nombre d'enfants de rang précédent. Sur 876 femmes de la génération 1931, ayant eu un premier enfant, 700 en ont eu un second. La probabilité d'agrandissement de 1 à 2 enfants notée a_1 est de 700/876 soit 79,9%, de même a_2 , probabilité d'avoir 3 enfants quant on en a 2, s'élève à 442/700 soit 63,1%. On note a_0 (876/1 000) la probabilité d'avoir un premier enfant, le complément à 1 de cette dernière probabilité mesure, dans une génération, la proportion de femmes infécondes pour des raisons volontaires ou involontaires.

La différence entre le nombre d'enfants de rang 1 et celui de rang 2, qui exprime le nombre d'enfants restés uniques, mesure la proportion de femmes de la génération suivie, n'ayant eu qu'un enfant, soit, dans le cas présent, 17,6% (876/700 pour 1 000 femmes). Ainsi dans la génération féminine de 1931, 12,4% de femmes n'ont pas eu d'enfant, 17,6% ont eu un enfant unique, 25,8% ont eu deux enfants et 44,2% ont eu au moins 3 enfants.

Évolution de la fécondité dans le monde

Dans le monde contemporain coexistent encore des sociétés traditionnelles à fécondité « naturelle » et des sociétés qui pratiquent le contrôle des naissances. Dans les sociétés traditionnelles, la fécondité porte sur toute la vie féconde des femmes, contrairement aux sociétés qui, pratiquant le contrôle des naissances, maîtrisent non seulement la taille de leur famille mais également le calendrier de naissance des enfants. Comme nous l'avons souligné précédemment, la fécondité physiologique est une référence purement théorique qui indique qu'une femme mariée dès la puberté, n'utilisant aucune méthode contraceptive et qui vivrait jusqu'à 50 ans dans des conditions sanitaires satisfaisantes, aurait en moyenne douze enfants. Aucune société humaine n'a fonctionné selon ce régime.

a) Quelques données générales

Jusqu'au XVIIIe siècle, le niveau de la fécondité de tous les pays du monde était déterminé par un ensemble de pratiques sociales et d'états sanitaires tels que l'on peut parler à leur propos de fécondité naturelle : la durée de l'allaitement, l'abstinence sexuelle post partum, l'entrée plus ou moins tardive dans la vie conjugale, l'existence d'un célibat définitif plus ou moins important, la mortalité fœtale, constituent autant de facteurs qui permettent d'expliquer des différences de fécondité, mais au cours de cette période le nombre d'enfants déjà nés n'a pas d'incidence sur le nombre d'enfants à venir. A la fin du XVIIIe siècle, la fécondité commence à être maîtrisée, d'abord en France puis en Europe au cours des XIXe et XXe siècles, enfin de façon beaucoup plus récente, au cours des années 1970, dans une grande partie du monde à l'exception alors de l'Afrique subsaharienne et de pays musulmans où la fécondité demeurait à un niveau très élevé voire avait augmenté du fait de l'amélioration de l'état sanitaire, du recul de l'allaitement au sein ainsi que de l'abstinence post partum. Le mouvement de baisse de la fécondité qui touche un grand nombre de pays en développement rappelle par son ampleur, mais sur une période infiniment plus courte, le mouvement de baisse qu'ont connu les pays européens aux XIXe et XXe siècles. Vers la fin des années 1960, le Tiers Monde forme un ensemble démographique homogène avec un nombre moyen d'enfants par femme proche de 6, parfois plus, bien qu'à la même période certaines baisses isolées et peu significatives apparaissent. Dans les organismes internationaux, une puissante idéologie néo-malthusienne accompagne les taux d'accroissement de la population les plus élevés de l'histoire de l'humanité.

Au cours de la période 1950-1955, 80% des 99,7 millions de naissances annuelles dans le monde proviennent du Tiers Monde, en 1998, en dépit de la baisse de la fécondité, le potentiel de croissance démographique accumulé accentue le mouvement avec 139 millions de naissances annuelles, dont l'essentiel provient des régions en voie de développement. Entre 1950 et 2001, le taux brut de natalité est passé de 42,8‰ à 22‰. Mais ces moyennes masquent l'hétérogénéité de pays et de continents plus ou moins avancés dans leur maîtrise de la fécondité : alors que le déclin ne fait que s'amorcer dans de nombreux pays de l'Afrique subsaharienne, l'Amérique Latine voit son taux de natalité chuter de 41‰ à 23‰, l'Asie de 42,1‰ à 22‰. Le taux de natalité de l'Asie orientale chute à 15 ‰ sous l'influence de la maîtrise spectaculaire de la fécondité en Chine dont l'indice conjoncturel de fécondité passe de 5,4 à 1,8 enfants par femme au cours de cette période, évolution identique observée à Hong Kong, en Corée du Sud, à Singapour, leur impact global sur la région étant moindre du fait de la faiblesse relative de leurs effectifs.

Tableau 24 – Évolution de l'indice synthétique de fécondité dans le monde 1970-75, 1995-2000

ISF	1970-75	1995-2000
Pays en développement	5,4	3,1
Europe de l'Est et CEI	2,5	1,5
OCDE	2,5	1,8
Monde	**4,5**	**2,8**

La baisse de la fécondité concerne en 2001 tous les continents. Actuellement, aux craintes d'un Occident peu enclin à la procréation et soucieux de son devenir démographique, fait face la prise de conscience croissante des pays en voie de développement de la nécessaire maîtrise de leur fécondité. L'évolution la plus marquante au cours de la décennie 1990 tient à l'entrée d'un grand nombre de pays de l'Afrique subsaharienne dans le second stade de la transition démographique, celui de l'amorce de la baisse de la fécondité, marquant la fin de « l'exception africaine » : trois pays précurseurs ont engagé ce mouvement en 1986-1988, le Botswana, le Kenya et le Zimbabwe, suivis du Ghana, de la Guinée, du Sénégal, du Cameroun, de la Côte d'Ivoire, de la République Centrafrique. Non seulement la fécondité a baissé mais pour 13 pays sur les 22 faisant partie de l'enquête[13], les taux de fécondité sont inférieurs à l'hypothèse basse des projections de l'ONU. Par ailleurs, la fécondité dans les pays du Maghreb converge vers un même niveau alors que les situations différaient fortement encore au début des années 1980.

b) La baisse de la fécondité en Afrique subsaharienne

Bien que marquée par une extrême diversité des situations ainsi que par le contraste urbain/rural, le milieu urbain étant plus avancé dans le mouvement de baisse, la transition de la fécondité présente dans cette région du monde deux caractéristiques essentielles : le recul de l'âge au mariage (au Sénégal, l'âge médian au mariage est passé de 16,6 ans en 1986 à 18 ans en 1997) et une contraception d'espacement plus que d'arrêt. La sortie de la « culture de la forte fécondité » est marquée par des taux de pratique contraceptive supérieurs à 25% dans des pays tels le Kenya (passage de 7,9 enfants par femme en 1977 à 5,4 en 1993), la Namibie, le Zimbabwe. Mais, indépendamment de la mise en place de programme de planification familiale, « les pays où la baisse de la fécondité a commencé le plus tôt et le plus nettement sont aussi ceux qui ont très tôt mis en place des programmes soutenus de développement économique et social, produisant notamment les progrès les plus spectaculaires dans le domaine de l'instruction, surtout des femmes, et de la santé » (Th. Locoh et J. Vallin). L'allongement de la scolarité entraîne un mariage plus tardif, une modification des relations dans le couple ; la baisse de la mortalité infantile favorise la diminution du nombre de naissances. On peut cependant craindre l'impact des politiques d'ajustement structurels sur les budgets de l'éducation et de la santé dans un contexte où le taux de scolarisation des filles demeure encore faible et le taux de mortalité infantile encore élevé.

---

[13] Les « enquêtes démographiques et de santé » se sont déroulées en trois vagues : 86-89, 11 pays, 90-92, 12 pays, 93-98, 21 pays ; on dispose pour 33 pays de l'Afrique subsaharienne sur 48 au moins d'une observation satisfaisante sur la fécondité.

c) La baisse de la fécondité au Maghreb

Partant de 7 enfants par femme et d'un taux brut de natalité de l'ordre de 50‰ dans les années 1960, la Tunisie, le Maroc et l'Algérie ont connu une baisse rapide de leur fécondité mais à des rythmes différents. L'Algérie du début des années 1970 avait l'indicateur conjoncturel de fécondité le plus élevé du monde avec 8,4 enfants par femme. Les situations sont en passe de converger dans un futur proche : 2,2 enfants par femme en Tunisie en 1998, 3,1 enfants par femme au Maroc en 1997 et en Algérie en 1996, la fin de la transition de la fécondité est proche. Il a fallu 30 ans à ces pays pour réaliser ce que l'Europe a effectué en deux siècles. La Tunisie fin des années 1960, suivie du Maroc et enfin de l'Algérie à la fin des années 1970 ont effectué d'autant plus rapidement qu'ils l'engageaient plus tardivement le second stade de la transition démographique. Après une période pro-nataliste jusqu'à la fin des années 70[14], l'Algérie renverse sa politique démographique en faisant de la croissance démographique le principal obstacle au développement.

Au-delà de la volonté politique qui se manifeste dans la mise en place d'un planning familial, un ensemble de facteurs a contribué à la baisse de la fécondité. L'amélioration du statut des femmes lié au changement économique social et culturel, la progression de l'urbanisation, de la scolarisation, l'entrée des femmes sur le marché du travail, la baisse de la mortalité infantile ont permis par l'élévation de l'âge au mariage et le développement de la contraception, une baisse rapide de la fécondité.

L'âge moyen au mariage des filles s'élève de 20 ans à 27 ans entre 1966 et 1995 en Tunisie, de 18 ans à 26 ans entre 1965 et 1995 au Maroc et de 18,3 ans à 27,6 ans entre 1966 et 1998 en Algérie après une baisse de 1945 à 1966. Alors que le célibat définitif était très rare dans les pays du Maghreb, la tendance en milieu urbain est à la hausse : de 4% pour les 45-49 ans, la part des célibataires dépasse 30% pour les hommes et 15% pour les femmes. Le modèle culturel traditionnel du mariage précoce et de la quasi-absence de célibat est

---

[14] Le représentant de l'Algérie lors de la conférence mondiale sur la population de Bucarest en 1974, lançait « la meilleure pilule, c'est le développement ».

remis en partie en cause à travers la montée des valeurs du couple face à celles des familles. Les modifications du calendrier et de l'intensité du mariage jouent un rôle essentiel dans la baisse de la fécondité. La scolarisation des filles explique une part importante du report du mariage à des âges plus avancés.

Le second facteur participant au mouvement de baisse relève de la maîtrise de la fécondité dans le mariage (tableau 25). De 8% en moyenne dans les années 1960, la proportion des femmes utilisant une contraception dépasse aujourd'hui 50%. Alors que la pilule est le mode de contraception le plus utilisé au Maroc et en Algérie, c'est le stérilet en Tunisie. Bien qu'interdit par la Charia musulmane, l'avortement existe au Maghreb. Une enquête réalisée en 1992 en Algérie montre que pour 775 000 naissances, on estime à 80 000 le nombre d'avortements, pratique plus répandue en milieu urbain que rural (respectivement 11,3 pour 1 000 naissances vivantes contre 9,9).

Enfin, pour les trois pays, la crise du logement et le chômage élevé reportent dans le temps la constitution des couples confrontés à l'incapacité matérielle de faire vivre une famille.

Tableau 25 – Évolution de la proportion des femmes utilisant un moyen contraceptif au Maghreb

Pays	Algérie		Maroc		Tunisie	
Année	1970	1995	Fin 60	2000	Fin 60	1994-1995
Taux de contraception %	8%	57%	5%	59%	5%	60%

d)   Quelques repères législatifs à propos de la contraception et l'avortement en France

La baisse de la fécondité s'amorce en France au milieu du XVIIIe siècle. Tout au long du XIXe siècle, bien que le code civil fasse de l'avortement un crime et qu'il punisse la propagande anticonceptionnelle, la loi n'est pas appliquée sévèrement. La poursuite de la baisse de la fécondité en parallèle avec celle de la mortalité génère une croissance démographique très faible voire négative à certaines périodes. En réaction, le mouvement nataliste s'organise et fait voter une loi le 30 juillet 1920. La loi répressive de 1920 interdit toute publicité ou vente de produit contraceptif et fait de l'avortement un délit relevant de la correctionnelle c'est à dire de juges de métier et non plus de cours d'assises.

Il faut attendre 1967 pour faire une première brèche dans le dispositif de 1920 : la loi Neuwirth légalise la contraception en France. Pilule et stérilet se substituent progressivement aux méthodes traditionnelles de contrôle des naissances (retrait, abstinence périodique, préservatifs). Une enquête réalisée en 1994 par l'INED et l'INSEE permet de faire le bilan des pratiques contraceptives : 69% des femmes de 20 à 49 ans utilisent une méthode contraceptive contre 6% en 1972. La méthode la plus pratiquée est la pilule : pour 100 femmes utilisant une contraception, 56 prennent la pilule, 25 le stérilet, 19 une autre méthode. Depuis 1988, l'épidémie de SIDA a relancé l'usage du préservatif qui occupe la première place dans les moyens de contraception lors des premiers rapports sexuels, en particulier chez les jeunes célibataires urbains diplômés, la pilule prend la relève quand la relation se stabilise. L'usage du préservatif lors du premier rapport pour les femmes est passé de 8% en 1987 à 45% en 1993. Une enquête sur la sexualité des Français révèle que 60% des premiers rapports sexuels avaient lieu sans contraception en 1970, ils sont 30% en 1988 et 16% en 1993.Contrairement à d'autres pays tel le Canada où 42% des couples d'âge fécond sont stérilisés, l'homme ou la femme, ce n'est le cas que de 5% des couples en France. La stérilisation concerne le plus souvent la femme après 40 ans. En France, un vide législatif entoure la stérilisation volontaire ce qui explique peut-être les différences avec d'autres pays développés.

Après 1970, la législation sur l'avortement est de moins en moins appliquée (tableau 26).

Tableau 26 – Nombre de condamnations pour avortements,
France 1925 – 1974

1925	1938	1971	1972	1974
359	537	518	288	aucune

Des batailles menées par les mouvements féministes ont précédé la décision prise en 1974 par le gouvernement de ne plus entreprendre de poursuites dans l'attente du vote d'une loi. Deux moments marquent cette lutte : 1971, le « manifeste des 343 », « je me suis fait avorter », manifeste dans lequel des intellectuelles, des artistes (S. de Beauvoir, F. Sagan, M. Duras, C. Deneuve...) déclarent avoir avorté sans provoquer de réactions pénales. Le deuxième temps fort a lieu en 1972 lors du procès de Bobigny, conduit pour la défense par l'avocate Gisèle Halimi : la relaxe est prononcée en faveur d'une jeune femme qui avait avorté.

Après un an de débats virulents au Parlement, la loi Veil votée en 1975 autorise l'avortement mettant fin à la pratique de l'avortement clandestin et de ce fait à l'insécurité médicale pour les femmes ainsi qu'à l'injustice sociale[15]. L'interruption volontaire de grossesse doit être pratiquée par un médecin sur une femme dont la grossesse n'excède pas 10 semaines.

La déclaration obligatoire de chaque intervention permet de suivre l'évolution du nombre d'IVG (tableau 27) bien que des disparités laissent suspecter le non-respect de cette obligation, par négligence ou de façon délibérée. L'essentiel de la baisse s'effectue entre 1981 et 1988.

Tableau 27 – Évolution des avortements, France 1976-1996

Année	Nombre d'avortements Déclarés Estimés		Avortements pour 100 naissances vivantes	Nombre moyen d'avortements par femme
1976	134 173	250 000	34.8	0.67
1977	150 931	253 000	34.0	0.67
1978	150 417	256 000	34.7	0.67
1979	156 810	259 000	34.2	0.67
1980	171 218	262 000	32.7	0.67
1981	180 695	265 000	32.9	0.67
1982	181 122	263 000	33.0	0.65
1983	182 862	261 000	34.9	0.64

---

[15] On évalue à 2 par mois le nombre de décès consécutifs à un avortement à la veille du vote de la loi ; ils sont aujourd'hui moins de 2 par an.

Année	Nombre d'avortements Déclarés	Nombre d'avortements Estimés	Avortements pour 100 naissances vivantes	Nombre moyen d'avortements par femme
1984	180 789	260 000	34.2	0.63
1985	173 335	249 000	32.4	0.60
1986	166 797	239 000	30.7	0.57
1987	162 532	230 000	30.0	0.56
1988	166 510	230 000	29.8	0.54
1989	163 090	230 000	30.0	0.54
1990	170 428	230 000	30.2	0.53
1991	172 152	230 000	30.3	0.54
1992	167 777	227 000	30.5	0.53
1993	166 921	225 000	31.6	0.53
1994	163 180	220 000	30.9	0.52
1995	156 181	220 000	30.9	0.52
1996	162 792	-	-	-

Source : Ined.fr/population en chiffres

Un allongement du délai légal de l'IVG a été voté par le Parlement le 30 mai 2001. Il passe de 10 à 12 semaines, l'autorisation parentale pour les mineures reste la règle, celle d'un « adulte de référence » pouvant se substituer en cas de non-consentement des parents ; l'entrave à l'IVG[16] constitue désormais un délit passible de deux ans de prison et de 200 000 francs d'amende.

L'ANALYSE DEMOGRAPHIQUE DE LA NUPTIALITE

La nuptialité entre dans l'étude des populations par le lien qu'elle entretient avec la fécondité qui, dans toutes les sociétés, est le résultat d'unions plus ou moins stables sous forme de mariages ou d'unions consensuelles. Les différences entre sociétés tiennent à l'intensité et au calendrier du mariage. Événements renouvelables, les mariages peuvent être analysés selon qu'il s'agisse d'un premier mariage ou non, d'une rupture par veuvage ou par divorce, de remariages de veufs ou de divorcés.

---

[16] Perturbations commises dans les établissements concernés, menaces, actes d'intimidation, pressions morales et psychologiques sur les femmes, leur entourage et le personnel médical.

Comme pour tout événement démographique, l'analyse peut être réalisée pour une année donnée (analyse transversale) ou pour une génération (analyse longitudinale). Bien que la nuptialité concerne l'union de deux sexes différents, l'analyse est effectuée par sexe, l'histoire démographique d'un couple relevant de deux personnes dont l'histoire démographique est indépendante. Un veuf peut épouser une femme qui se remarie pour la troisième fois, une veuve ou une célibataire. L'analyse conjointe de la nuptialité des hommes et des femmes présente de réelles difficultés.

Les mesures transversales de la nuptialité

Ces mesures sont les plus fréquentes du fait des données existantes. L'indicateur global de nuptialité rapporte les mariages de l'année à la population moyenne. Le taux brut de nuptialité mesure la fréquence des mariages dans la population. En 2001, en France avec 303 000 mariages pour une population moyenne de 59,190 millions, le taux brut de nuptialité s'élève à 5,1‰. Fortement sensible à la conjoncture, en particulier aux guerres, de manière moins nette aux crises économiques, ou à la législation en particulier fiscale, ce taux connaît sur la longue période une assez grande stabilité (7,5‰ en moyenne en France de la fin du XVIIIᵉ siècle au milieu du XXᵉ siècle, mais 2,5‰ en 1915 et 16‰ en 1920) ; il fléchit depuis les années 1980 (6,2‰ en 1980 contre 7 à 7,5‰ sur 1955-1965), signe de la tendance persistante, bien que récente, de désaffection à l'égard du mariage.

Tableau 28 – La nuptialité de 1946 à 2001, France

Année	Population moyenne	Mariages	Divorces	Taux de nuptialité‰
1946	40 287 000	516 900	64 100	12,8
1950	41 829 000	331 100	34 700	7,9
1960	45 684 000	319 900	30 200	7,0
1972	51 701 000	416 500	44 700	8,1
1980	53 880 000	334 400	81 100	6.2
1985	55 284 300	269 400	107 500	4.9

Année	Population moyenne	Mariages	Divorces	Taux de nuptialité‰
1990	56 708 800	287 100	105 800	5.1
1995	57 844 200	254 700	119 200	4.4
1996	58 026 000	280 100	117 400	4.8
1997	58 207 500	284 000	116 200	4.9
1998	58 397 800	271 400	-	4.6
1999	58 622 700	286 200	-	4.9
2000*	58 893 000	305 000	-	5,2
2001*	59 190 000	303 000	-	5.1

Source : Ined.fr/population en chiffres

L'amendement Courson[17] qui avait modifié les règles d'imposition des parents non mariés avait stimulé les mariages en 1996 et 1997, mais l'année 2000 connaît un niveau record avec 305 000 mariages niveau jamais atteint depuis 1983.

Le taux brut de nuptialité serait plus fin si le dénominateur prenait en compte les personnes réellement soumises au "risque" du mariage, soit la population de 15 à 49 ans pour les femmes, de 17 à 49 ans pour les hommes[18] réduite aux célibataires, aux veufs et aux divorcés. On obtiendrait un taux par sexe :

$$\frac{\text{Mariages}}{P_{15-49} \text{ (célibataires+veufs+divorcés)}}$$

appelé taux de nuptialité par sexe, peu utilisé[19] contrairement aux taux de nuptialité par âge et par sexe qui sont à la base du calcul des indices synthétiques.

---

[17] Les couples cohabitants ne peuvent plus bénéficier de la demi-part supplémentaire accordée au premier enfant d'un parent célibataire.

[18] La borne inférieure est de nature juridico-culturelle, la borne supérieure relève du constat du faible nombre des mariages conclus après 50 ans.

[19] Des raisons liées à la signification d'indices synthétiques construits à partir des taux de nuptialité par âge ont fait choisir au dénominateur l'effectif total et non l'effectif des célibataires d'un âge donné.

Le taux de nuptialité à l'âge x rapporte, pour une génération, le nombre de mariages de femmes (d'hommes) atteignant l'âge x + 1 l'année considérée, à l'effectif moyen des femmes (hommes) :

$$n_x = \frac{M(x, x+1)}{\dfrac{P_x + P_{x+1}}{2}}$$

On peut repérer parmi les mariages, les premiers mariages ou mariages de célibataires :

$$n_x^c = \frac{M^c(x, x+1)}{\dfrac{P_x + P_{x+1}}{2}}$$

Le quotient de nuptialité mesure la probabilité pour une personne célibataire ayant atteint l'âge x de se marier avant l'âge x + 1.

$$q_x^c = \frac{M^c(x, x+1)}{C_x}$$

C_x représente l'effectif des célibataires d'âge x, $M^c(x, x+1)$ les mariages de célibataires entre les âges x et x+1.

L'intensité de la nuptialité est mesurée par la somme des taux de nuptialité par âge appelée indice synthétique de nuptialité des célibataires (ou indice conjoncturel de nuptialité ou encore somme des premiers mariages réduits). Cet indicateur constitue pour les mariages l'équivalent de l'ICF pour la fécondité.

L'indicateur du calendrier de la nuptialité, qui indique l'âge moyen au mariage, est la moyenne pondérée des âges au mariage par les effectifs de mariés. On s'intéresse surtout aux personnes qui se marient pour la première fois, la primo nuptialité. L'âge moyen au premier mariage renseigne alors sur l'évolution des comportements. L'âge moyen au premier mariage n'a fait que baisser de 1945 à 1972 pour les hommes et les femmes ; il atteint son minimum en 1972 et n'a fait qu'augmenter depuis : 24,5 ans en 1972 pour les hommes et 22,5 ans pour les femmes contre 26,2 et 23,3 en 1950 ; en 1997, il est respectivement de 30 ans et de 28 ans.

Ces outils reposent sur une hypothèse implicite de monogamie. Dès lors que la polygamie est pratiquée, de nouveaux outils mesurant le taux de polygamie, rapport entre l'effectif d'hommes polygames et l'effectif d'hommes mariés et le nombre moyen d'épouses par homme polygame, renseignent respectivement sur l'importance du phénomène et sur son intensité.

Analyse longitudinale de la nuptialité

Dans une génération, la somme des premiers mariages réduits, c'est-à-dire la somme des taux de nuptialité de célibataires (rapport des premiers mariages à l'effectif total de la population), ne peut dépasser l'unité alors que cette situation est possible pour l'indice du moment.

L'interprétation longitudinale d'indices du moment n'a de sens qu'en période de stabilité de l'intensité et du calendrier de la nuptialité. Une variation de l'âge moyen au mariage ou une période de récupération des mariages invalident l'usage de la génération fictive. La somme des taux de nuptialité par âge des célibataires, qui mesure l'intensité de la nuptialité d'un événement non renouvelable, peut être supérieure à 1 et signale une modification de calendrier : en 1946, cet indice est égal à 1,5162 du fait d'un report des mariages dû à la guerre ; en 1961 il est égal à 1,0176 du fait d'un abaissement de l'âge moyen au mariage. La sensibilité de la nuptialité aux conditions du moment est compatible avec une assez large stabilité de l'intensité et du calendrier de la nuptialité des générations, ce qui est le cas en France pour les générations nées entre 1880 et 1929 avec un taux de célibat définitif de 8,5 à 10% pour les hommes et de 8 à 12,5% pour les femmes, et un âge moyen au mariage respectivement de 26-27 ans et de 23-24 ans. Le recours à l'analyse longitudinale est essentiel pour saisir l'évolution des comportements des générations à travers les modifications de l'intensité et du calendrier de la nuptialité, dont le calcul est assuré par les tables de nuptialité de génération. Dans une génération, l'intensité de la nuptialité est mesurée par la proportion de personnes célibataires définitives, calculée à l'aide de l'effectif des célibataires de 50 ans.

L'âge moyen au premier mariage pour la génération masculine née en 1938 était en France de 25,3 ans, il est de 24,5 ans pour celle de 1943 et de 26 ans pour la génération de 1958. Pour les générations féminines, la même tendance apparaît avec une élévation de l'âge au premier mariage. Pour la génération née en 1960, l'âge moyen au premier mariage est de 24,1 ans contre 22,3 ans pour celle de 1945.

Le développement de la cohabitation, en particulier la cohabitation juvénile, rend difficile la détermination des tendances et l'imputation des modifications aux changements de calendrier et à ceux de l'intensité. Des retards de calendrier peuvent être ou ne pas être rattrapés mais le mouvement d'augmentation de la proportion des célibataires définitifs s'affirme. En France, 28,8% des femmes nées en 1930 étaient mariées à 20 ans ; elles sont 2,5% pour la génération née en 1977 ; à 30 ans les proportions sont de 86,6% pour la génération 1930 et de 55,8% pour la génération née en 1967 ; 91% des femmes nées en 1950 se sont mariée avant 50 ans et 88% l'étaient déjà à 35 ans pour la génération née en 1965 seules 68% des femmes sont mariées avant 35 ans.

Les tendances de la nuptialité

Lorsque Malthus faisait du recul de l'âge au mariage un obstacle préventif à l'augmentation de la population, il avait pour référence les sociétés des siècles passés, où la nuptialité intervenait comme régulateur des naissances. Les sociétés actuelles dans leur grande majorité ne fonctionnent plus sur de tels liens. L'élévation de l'âge au mariage ne constitue un bon indicateur de recul de la natalité que pour les sociétés ne pratiquant pas de contrôle direct des naissances. Les différences d'espérance de vie maritale, nombre d'années vécues en tant qu'épouse par une femme qui survit de 15 à 55 ans (33,9 ans en Afrique et 25 ans en Europe) n'expliquent pas les écarts de fécondité de 6 à 2 enfants par femme.

La pertinence du lien entre fécondité et nuptialité est confrontée dans l'ensemble des pays occidentaux à la montée de l'union libre qui s'accompagne de la croissance de la part des naissances hors mariage. En France, la part des naissances hors mariage progresse de 7% en 1970 à 42,6% en 2000 (tableau 18). La tendance des mariages s'est inversée en 1972, en dépit de l'arrivée des classes d'âges importantes du baby boom. Le taux brut de nuptialité est passé de 14‰ en 1964 à 5,1‰ en données provisoires pour 2001. L'indice synthétique de nuptialité des célibataires, nombre de premiers mariages pour 1 000 femmes (hommes) chute de 900 en 1970 à 700 en 1980 ; en 1988 il est de 532 pour les femmes et de 522 pour les hommes et de respectivement 553 et 530 en 1997. L'élévation de l'âge moyen au mariage pourrait n'entraîner qu'un report des unions ne changeant rien à l'intensité de la nuptialité, mais le retour au niveau antérieur semble bien improbable, ce que confirme la progression des célibataires définitifs dans les générations qui ont atteint 50 ans aujourd'hui. Le taux moyen de nuptialité pour l'Union européenne est de 5,1‰ en 1999 ; la disparité est relativement faible autour de cette moyenne avec un minimum de 4,3‰ en Belgique et un maximum de 6,8‰ au Portugal.

La tendance à l'augmentation des divorces, amorcée depuis la fin des années 1960, s'est stabilisée depuis le milieu des années 1980. La croissance des remariages de divorcés n'est due qu'à l'augmentation de leur nombre, la probabilité de se remarier après un divorce est en diminution. En France, depuis 1984, le nombre des divorces tourne autour de 100 000 par an (en 1997, 116 200 divorces, le nombre maximum se situant au bout de 7 ans de mariage). Dans l'hypothèse d'un maintien des comportements récents, on enregistrerait par an environ 31 divorces pour 100 mariages. En France, au cours de la décennie 1990, le taux de divortialité, nombre de divorces pour 1000 habitants, se stabilise à près de 2‰. Avec une moyenne de 1,8‰ en 1998, l'Union européenne connaît une disparité des taux avec pour taux extrêmes 0,6‰ en Italie et 2,7‰ au Royaume Uni.

Dans l'ensemble des pays occidentaux, les mariages sont plus tardifs et moins fréquents. Mais, contrairement aux sociétés qui n'ont pas encore connu de baisse de la fécondité et pour lesquelles les liens entre l'âge au mariage et la fécondité sont très étroits, l'impact de cette tendance sur la fécondité des sociétés occidentales est faible, l'usage de la contraception permettant de choisir la taille de la famille et le moment de son agrandissement. Si la contraception permet d'éviter les naissances non voulues, elle n'explique pas la tendance à la baisse de la fécondité, observée depuis les années 1965 dans l'ensemble des pays développés, baisse qui d'ailleurs a commencé dans les unions légitimes avant même que ne s'amorce la baisse de la nuptialité ; la fécondité des couples mariés est à peine plus forte que celle des unions de fait, la durée de la cohabitation est en la matière le facteur essentiel.

Dans un certain nombre de pays, au Danemark en 1989, en Norvège en 1993, en Suède en 1995, aux Pays-Bas en 1998 et en France en 1999, des procédures de reconnaissance des couples non mariés ont été adoptées. Certaines ne concernent que les couples homosexuels, c'est le cas de la Scandinavie, d'autres les couples hétérosexuels et homosexuels, c'est le cas de la France et des Pays-Bas.

Adopté par le Parlement français le 15 octobre 1999, une loi offre un statut légal aux unions de fait en créant le « pacte civil de solidarité » appelé ailleurs « partenariats enregistrés » : du 15 novembre 1999, date d'entrée en application de la loi, au 30 septembre 2001, 43 970 PACS ont été conclus, sans effet de concurrence au mariage annoncé par les opposants au PACS puisque l'on enregistre cette même année une hausse du nombre des mariages. En France, on peut difficilement analyser cette statistique « hétéroclite et pauvre » selon P.Festy[20]. Contrairement aux Pays-Bas et en Scandinavie, la tenue de statistiques concernant le type de PACS et le sexe des partenaires est interdite en France par souci de protéger la vie privée. En étendant à la France la situation qui prévaut aux Pays-Bas, P.Festy estime à 60% la proportion des PACS touchant des couples hétérosexuels. Selon la CNIL, la publicité des PACS doit être strictement limitée : « Il ne saurait être imposé aux personnes qui souhaitent conclure un pacte civil de solidarité un régime de publicité qui aurait pour effet de rendre accessible à tous, sans précaution particulière, des informations révélant leurs mœurs, privant ainsi les personnes concernées de la liberté de révéler ou non à leur entourage familial, personnel ou professionnel, leur choix de vie ». En cas de dissolution du PACS, la CNIL recommande que les attestations de dissolution ne comportent que deux mentions « décès » ou « autre cause de dissolution ».

---

[20] P.Festy : Pacs : l'impossible bilan, *Population et Sociétés*, n°369, juin 2001.

Selon un rapport d'information présenté au Parlement[21] « les statistiques dessinent un PACS conforme aux intentions du législateur : un instrument juridique susceptible d'intéresser toutes les personnes vivant en couple, qui ne peuvent ou ne veulent se marier mais qui, quel que soit leur sexe, ont un projet commun de vie, sans avoir pour objet de concurrencer le mariage ou d'accorder des droits spécifiques aux homosexuels ».

L'ANALYSE DEMOGRAPHIQUE DES MIGRATIONS

Avec ce phénomène démographique, une dimension spatiale est introduite dans l'analyse. Les instruments de l'analyse démographique s'appliquent à l'étude des migrations ; ils permettent de comparer la mobilité au sein de populations différentes ou dans une même population considérée à des dates espacées. On distingue les migrations internationales qui supposent le franchissement d'une frontière, les migrations internes qui s'effectuent à l'intérieur d'un territoire national, les migrations temporaires avec retour au pays et les migrations définitives. Mais le temporaire peut devenir, dans des circonstances particulières, définitif et les résultats d'une analyse démographique des migrations *ex post* peuvent largement s'écarter de ceux d'une analyse *ex ante*, c'est-à-dire réalisée au moment de la migration. Toute analyse des migrations suppose que soit défini un espace frontière (la commune, la région, l'État...), une durée, la qualité nationale et statutaire du migrant (actifs ; membres des familles ; demandeurs d'asile ; clandestins).

Les mesures des migrations

Événement renouvelable, comme la fécondité et la nuptialité, la migration peut être appréhendée par son rang, mais les lacunes statistiques constituent un obstacle certain à ce type d'analyse qui suppose un enregistrement permanent des mouvements, ce que permettent les registres de population lorsqu'ils existent ou les enquêtes rétrospectives.

---

[21] Rapport d'information présenté au Parlement par P.Bloche et J-P Michel le 13 novembre 2001.

L'analyse transversale de la migration s'appuie sur la construction de taux de migration. Le taux d'émigration, noté e, a le sens classique d'un taux, rapportant le nombre d'émigrants sortant du territoire (E) à la population moyenne de ce territoire soumise au risque d'émigrer (P).

$$e = \frac{E}{P}$$

Le taux d'immigration, noté i, est plus ambigu puisqu'il rapporte le nombre d'immigrants (I), individus extérieurs au territoire considéré et qui s'y établissent, à la population de la région d'accueil que nous noterons P^A alors que la population soumise au risque de l'immigration serait le reste du monde. Georges Tapinos propose d'appeler ce taux, indice d'entrée.

$$i = \frac{I}{P^A}$$

Le taux brut de migration nette est la différence entre l'indice d'entrée (appelé taux d'immigration) et le taux d'émigration, la migration nette ou solde migratoire étant le solde des sorties et des retours de nationaux et des entrées et des départs d'étrangers. Associé au taux d'accroissement naturel, rapport du solde des naissances et des décès à la population moyenne, le taux net de migration permet d'apprécier le taux d'accroissement d'une population à une période donnée en situant l'impact des migrations sur l'évolution de la population. Lorsque les informations statistiques le permettent, le calcul du taux de migration par âge permet, à partir des méthodes de standardisation proches de celles présentées lors de l'étude de la mortalité, la comparaison des mouvements migratoires entre pays.

L'analyse longitudinale, souvent limitée par l'insuffisance des données, permet de calculer des quotients de migration par âge en l'absence de mortalité.

$$q_x = \frac{M(x, x+1)}{P_x}$$

où P_x représente l'effectif de la cohorte à l'âge x, M_x le nombre de déplacements observés entre les âges x et x + 1, quotient que l'on doit corriger de l'effet perturbateur de la mortalité en réintégrant ceux qui auraient migré s'ils n'étaient pas décédés entre les âges x et x + 1. Le calcul est formellement identique à celui du quotient de nuptialité par âge.

Le tableau des migrations par rang (quotients de rang 1, 2, ... , n) et par âge permettrait, mais les données sont rares, de calculer la probabilité pour un individu ayant effectué n migrations de migrer n + 1 fois.

Les tendances des mouvements migratoires

A l'échelle de l'humanité, les migrations participent à l'histoire du peuplement humain. La préhistoire, les grandes invasions, la traite des esclaves, la colonisation, le grand mouvement transocéanique qui mit en relation la population européenne en pleine expansion avec le continent américain, les déplacements de population au cours des deux guerres mondiales, le renversement des flux après la Deuxième Guerre mondiale, du sud vers l'Europe en manque de main d'œuvre, enfin les mouvements plus récents alimentés par les guerres civiles, la résurgence des nationalismes, au Rwanda, en Bosnie, au Kosovo, la crise économique mondiale, produisent un peuple de réfugiés, d'exilés, de demandeurs d'asile dont les pays riches tentent difficilement de maîtriser le flux : toute l'histoire de l'humanité est traversée par des mouvements de populations, plus ou moins massifs dans le temps et dans l'espace, mais permanents ; la migration humaine présente un caractère universel.

Entre 1800 et 1930, le mouvement d'émigration à partir du continent européen est d'une ampleur sans précédent dans l'histoire des populations. On estime à 40 millions les départs définitifs d'Européens vers les "nouvelles Europes", en majorité vers les États-Unis. La Première Guerre mondiale, les dictatures fascistes et le deuxième conflit mondial vont provoquer des mouvements de réfugiés et des déplacements autoritaires de populations qui deviennent de véritables objets de troc lors de traités entre États. Pour l'ensemble de l'Europe, on estime à quelque 23 millions le nombre de personnes transplantées de fin 1941 au début 1943. L'Europe n'est pas la seule concernée par l'exode, les trocs de population et les déportations. L'Extrême Orient connaît de vastes mouvements de transferts. Après 1937, 30 millions de Chinois fuient la pénétration japonaise, vers l'intérieur ou vers d'autres pays (Indochine, Birmanie). Lors de la création du Pakistan, 8 millions de personnes ont été déplacées. Après la Première Guerre mondiale, les États commencent à diriger les mouvements migratoires. De spontanées, les migrations deviennent dirigées, à partir de politiques migratoires fixant des normes d'entrée. Les États-Unis établissent des quotas par nationalité aux dépens des Européens, Africains et Asiatiques, mettant un frein puissant au vieux courant d'immigration, comme en témoigne la diminution de la part de l'immigration dans la croissance de la population américaine qui compte désormais sur sa dynamique naturelle (42,9% sur 1880-1890, 41,8% sur 1900-1910, 17% sur 1910-1920).

Depuis le début des années 50, le courant migratoire, hors les mouvements d'exode et de transferts de populations liés aux deux guerres mondiales, s'est inversé faisant de l'Europe Occidentale une zone d'immigration nette. L'entrée dans la crise mondiale en 1974 marque une rupture par rapport aux politiques d'immigration antérieures qui répondaient au besoin en main-d'œuvre d'une Europe en forte croissance. Les mesures bloquant en 1974 l'entrée de nouveaux travailleurs vont d'une part fixer les immigrés dans les pays d'accueil, d'autre part modifier les origines de la nouvelle immigration. Elle se poursuit sur des bases garanties par la Convention de Genève, avec pour canal privilégié le regroupement familial qui constitue près de la moitié des flux d'entrée, les demandeurs d'asile et réfugiés qui vont connaître une très forte croissance, et dernière source, alimentée par l'existence d'une demande sur le marché du travail et de la pauvreté et le manque d'emplois dans leur pays d'origine, les clandestins, population dont on connaît mal l'ampleur. Dans le contexte économique et social de faible croissance et de chômage massif, les pays d'immigration vont chercher à maîtriser des flux que la situation mondiale, économique, sociale et politique, entretient. L'effondrement du communisme, l'état de délabrement des économies de l'Europe de l'Est, la guerre dans l'ex-Yougoslavie, les multiples foyers de guerre en Afrique relancent les mouvements migratoires.

L'immigration, sensible au fléchissement de la conjoncture dans les années de croissance, ne joue plus son rôle d'ajustement sur le marché du travail. L'immigration de travail des années 1960 s'est transformée en une immigration de peuplement sans idée de retour. Au cours des deux dernières décennies, la population étrangère s'est féminisée, a rajeuni et elle pose désormais aux pays d'accueil les problèmes liés à l'insertion d'une population installée définitivement.

Les déséquilibres des situations démo-économiques et politiques dans le monde vont dans le sens du maintien ou de la croissance des mouvements migratoires dans le futur proche, caractérisés par un phénomène de mondialisation et de régionalisation.

Deux problèmes concernant à des degrés divers les pays développés relancent le débat sur l'immigration : les pénuries de main-d'œuvre et le vieillissement des populations ainsi que la diminution des effectifs de population dans un futur proche. L'Europe et le Japon connaîtront sans doute les plus fortes pénuries de main-d'œuvre d'ici 25 ans. En France, plusieurs fédérations patronales demandent l'ouverture des frontières à l'immigration de travail, les déclarations se multiplient en faveur d'un renversement des flux migratoires : « Le regroupement familial est un droit et l'Europe, compte tenu de sa démographie, aura sans doute besoin de main-d'œuvre étrangère » (A. Juppé), « il ne serait pas absurde d'inverser les flux migratoires » (D. Gautier-Sauvagnac, délégué général de l'Union des industries métallurgiques et minières). Le patronat français réclame un assouplissement des règles, précédé en cela par le patronat allemand, anglais, espagnol et italien, le commissaire européen incite à une approche « différente et plus flexible » de la politique communautaire européenne ; en France, côté gouvernemental priorité est donnée à la résorption du chômage et à la dénonciation d'une manœuvre patronale pour payer moins cher la main-d'œuvre. Le débat reste ouvert, le Commissariat général au Plan doit réfléchir au sujet.

De fait, depuis le milieu des années 1990, on assiste dans la plupart des pays de l'OCDE à une reprise de l'immigration dont une immigration de travail. Si les flux ont tendance à baisser en Australie, au Canada, en Suisse, en Allemagne et aux Etats-Unis, ils progressent en France, au japon, en Norvège, aux Pays-Bas, en Suède, dès 1997 et de façon plus récente en Autriche, Espagne, Italie, Belgique, Hongrie, au Danemark et Luxembourg. Les facteurs agissant sur les tendances migratoires sont propres aux pays : régularisations massives antérieures aux E-U, limitation de l'entrée des familles en faveur de travailleurs qualifiés au Canada et en Australie, deux pays d'immigration de peuplement. L'origine géographique traditionnelle liée à la proximité laisse une place à de nouveaux flux. Ainsi, à l'immigration algérienne en France s'ajoute une immigration récente en provenance de Chine, du Zaïre. En France, l' « immigration permanente » c'est à dire des personnes obtenant un titre de séjour pour une durée supérieure à un an, a baissé (140 000 personnes en 1998, 111 000 en 1999) en partie du fait des régularisations de 1997 et 1998 mais on peut souligner la place croissante du regroupement familial. En revanche, l'immigration temporaire progresse : demandeurs d'asile, étudiants et travailleurs sont en croissance par rapport à 1998, respectivement 38%, 9% et 28%.

Un classement des « pays d'accueil », pays recevant des immigrants, selon le nombre d'entrées annuelles légales place les Etats-Unis (1M°8 entrées en 1991, 720 000 en 1995) et l'Allemagne (1M°2 en 1991, 800 000 en 1995) au premier rang, un second groupe formé du Canada, du Japon, du Royaume-Uni, de la France, de l'Australie, d'Israël, accueille en moyenne 100 000 à 200 000 immigrants par an :

Tableau 29 – Nombre et proportion de résidents étrangers
dans quelques pays(décennie 90)

Pays	E-U 1996	Inde 1990	Pakistan	Alle-magne	Australie 1991	Canada 1991
Nb Résidents étrangersM°	24,6	8,6	7,2	7,1	3,7	4,3
% de la population	9,3	1	6	8,8	22,3	16,1
Pays	France 1990	Roy-Uni 1995	Arabie Saoudite 1990	Côte-d'Ivoire	Hong Kong	
Nb Résidents étrangersM°	3,6	2	4	3,4	2,2	
% de la population	6,3	3,4	25,7	29,7	39,9	

Au-delà de ces fortes disparités, on peut opposer des pays d'immigration ancienne (Allemagne, France, Suisse, Australie, Canada, Nouvelle-Zélande, Etats-Unis, Le Sultanat d'Oman, La Côte-d'Ivoire et tous les pays d'Asie), à des pays d'immigration récente (Espagne, Grèce, Italie, Etats pétroliers du Golfe, Corée du Sud, Thaïlande) enfin des pays à tradition d'immigration mais qui se sont fortement fermés (Brésil, Argentine). Trois motifs principaux déterminent la politique des pays d'accueil : l'apport en main-d'œuvre, le peuplement, l'humanitaire, la part relative de ces motivations orientant en partie le statut juridique des immigrés dans les pays d'accueil.

L'approche des migrations comme solution au vieillissement et au déclin des populations que vont connaître presque tous les pays développés, à l'exception des États-Unis, dans les 50 ans à venir, conduit à l'élaboration de scénarios pour 1995-2050, à partir du concept de migration de remplacement « migration internationale dont un pays aurait besoin pour éviter le déclin et le vieillissement de la population qui résultent des taux bas de fécondité et de mortalité ». Éviter le vieillissement supposerait un niveau beaucoup plus élevé d'immigrants que lutter contre le déclin des populations. Le maintien de l'immigration des années 1990 suffirait à éviter le déclin des populations de l'Union européenne alors qu'au niveau de l'Europe il faudrait une multiplication par deux de ce niveau. Le vieillissement quant à lui paraît à terme inéluctable du fait de la convergence des comportements de fécondité des immigrés avec ceux des nationaux en particulier en matière de fécondité.

CHAPITRE IV
Structure, mouvement et reproduction
de la population

L'état d'une population, à un moment donné, résulte des mouvements qui modifient cet état en permanence, mouvements liés aux naissances, aux décès et aux migrations. La structure de la population qui caractérise cet état, agit à son tour sur la capacité de la population à procréer ou sa propension à mourir au-delà des comportements purs vis-à-vis de ces deux phénomènes. L'âge, le sexe et les effectifs d'une population participent directement à la dynamique de la population.

L'APPROCHE STRUCTURELLE D'UNE POPULATION

En démographie, une approche structurelle consiste à appréhender une population à travers certains critères qui permettent de construire des sous-ensembles homogènes par rapport au critère retenu. Deux critères essentiels, liés à la dimension bio-sociale de tout individu sont privilégiés par le démographe : le sexe et l'âge. La fréquence des naissances n'est pas la même à 20 ans et à 50 ans, la fréquence des décès est moindre à 10 ans qu'à 80 ans et pour un âge donné, la fréquence des décès n'est pas la même si on est un homme ou une femme. A ce double critère de l'âge et du sexe sont associés une représentation graphique, la pyramide des âges, ainsi que certains ratios, notamment le rapport de masculinité, et l'indice de vieillissement des populations, sujet de préoccupation des pays développés qu'il ne faut pas assimiler rapidement à déclin des sociétés.

La pyramide des âges : construction et lecture

La pyramide des âges, outil parmi les plus classiques de l'analyse démographique, représente pour une période déterminée, la répartition des effectifs d'une population sur un territoire, pas nécessairement national, selon les deux critères du sexe et de l'âge. La représentation de la population peut également s'intéresser à une catégorie socio professionnelle. Lorsqu'il s'agit de la population totale d'un pays, bien qu'instantané d'une situation, la pyramide des âges porte en elle un siècle d'histoire démographique à travers la centaine de générations représentées : les dissymétries de la pyramide constituent cette mémoire du passé et sont porteuses des tendances futures.

a)   La construction d'une pyramide des âges

Une pyramide des âges est constituée d'un double histogramme qui indique la distribution selon l'âge et le sexe des effectifs. On dispose deux systèmes d'axes dos à dos, l'âge est porté en ordonnées, les effectifs en abscisses, conventionnellement vers la gauche pour les hommes, vers la droite pour les femmes.

Chaque population, par son histoire, présente un profil spécifique de pyramide, fait de dissymétries, normales pour certaines, liées à des circonstances historiques particulières pour d'autres. Une épidémie, une guerre, des mouvements migratoires, des changements de fécondité influencent le profil d'une pyramide, mémoire apparente, dans ses encoches et excroissances, d'un siècle d'histoire.

a1) La proportionnalité des surfaces des rectangles aux effectifs

Les effectifs sont rarement donnés pour la suite complète des âges sinon pour les jeunes âges. Il faut alors prendre en compte les intervalles entre les âges lors du tracé de la pyramide. Les surfaces des rectangles doivent être proportionnelles aux effectifs, il faut en conséquence calculer l'effectif moyen du groupe (effectif total du groupe d'âges divisé par l'amplitude du groupe d'âge) afin de respecter ce principe de construction.

Exemple : on veut construire l'extrait de pyramide des âges de la population féminine française de 40 à 44 ans au 1er janvier 2000 (figure 16).

Effectif des femmes de 40 à 44 ans = 2 157 236

dont   effectif des femmes de 40 ans = 438 320
          effectif des femmes de 41 ans = 430 045
          effectif des femmes de 42 ans = 431 357
          effectif des femmes de 43 ans = 429 366
          effectif des femmes de 44 ans = 428 148

Effectif moyen du groupe

d'âge des femmes de 40-44 ans $= \dfrac{2\ 157\ 236}{5} = 431\ 447$

Les surfaces des rectangles sont proportionnelles aux effectifs. La somme des surfaces des rectangles représentant les effectifs par année d'âge de 40 à 44 ans, est égale à la surface du rectangle représentant l'effectif de la classe d'âges 40 - 44 ans.

La pyramide perd en précision dans le passage d'une représentation par âges successifs complets à celle par groupes d'âges. On prend le risque de faire disparaître une forte variation d'effectifs au sein d'un groupe d'âges.

Figure 16 - Fragment de pyramide des âges

(Femmes de 40 à 44 ans au 1er janvier 2000, France)

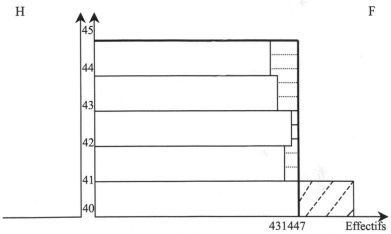

La somme des surfaces des rectangles représentant les effectifs par âge est égale à la surface du rectangle qui représente les effectifs de la classe d'âge des femmes de 40-44 ans.

a2) La représentation du sommet d'une pyramide et l'explosion du nombre des centenaires

> *« En Europe, c'est la France qui conserve le mieux ses vieillards. Si ce n'est pas une force, au moins est-ce une gloire »* J.Bertillon.

Pour achever le sommet d'une pyramide on a longtemps associé les effectifs du groupe d'âges le plus élevé, classe 90 et plus, au groupe 90-94 ans ce qui était en partie arbitraire mais acceptable vu le faible nombre de personnes concernées ou, si l'on voulait « un dessin agréable à l'œil » (R.Pressat), on dégradait le sommet en faisant mourir jusqu'à l'axe vertical le dernier individu de l'âge le plus élevé. Mathusalem avec ses 969 ans illustre le débat actuel qui au-delà de l'augmentation de l'espérance de vie à la naissance, porte sur la progression de la longévité humaine ou durée limite de la vie humaine, durée théorique inconnue. Jusqu'aux années 1970, la longévité était considérée comme fixe, de l'ordre de 120 ans et liée à l'espèce ; mais certains considèrent aujourd'hui que l'accroissement de la longévité est lui-même à considérer[1]. Si l'on note une croissance de l'âge maximal au décès depuis le XIXe siècle, on ne peut conclure à l'augmentation de la longévité ; en revanche depuis les années 1950, on a assisté à une progression spectaculaire de l'espérance de vie en particulier aux grands âges alors que celle-ci était restée inchangée depuis le début du XIXe siècle ; même à 100 ans, l'espérance de vie continue sa progression[2]. Pour certains auteurs, il est peu probable que l'espérance de vie à la naissance dépasse 85 ans, hypothèse considérée par d'autres comme très pessimiste. Une certitude cependant s'impose, celle de l'explosion du nombre des centenaires : l'affinement de la représentation des classes d'âge au-delà de 90 ans s'impose. Le nombre des centenaires était de 200 en 1950, 3 500 en 1990, 8 000 en 2000 et l'INSEE[3] en prévoit 150 000 pour 2050, soit 750 fois plus qu'un siècle auparavant. Dans les pays occidentaux ainsi qu'au Japon, le nombre des centenaires double tous les dix ans depuis 1950. En France en 2050, il y aurait selon l'INSEE, 1 900 000 personnes de 90 à 100 ans contre 240 000 en 1990. Mais, au-delà de 100 ans, la surmortalité masculine ne maintient en vie qu'un homme pour sept femmes.

---

[1] Pour les tenants d'une longévité intangible, citons le biologiste J.Fries et le démographe J.Olshanski ; pour une longévité en augmentation, J.Carey.
[2] Après le décès de Jeanne Calment à 122 ans, une britannique serait la doyenne de l'humanité suivie de Marie Brémont née le 25 avril 1886.
[3] L'INSEE qui ne retient que les deux derniers chiffres de l'année de naissance va devoir prendre en compte une codification spéciale centenaire.

b) La lecture d'une pyramide des âges

L'allure générale de la pyramide des âges d'un pays permet de repérer la part relative de chaque groupe d'âges dans la population, ainsi que le rapport des effectifs masculins aux effectifs féminins pour chaque âge. Elle témoigne de l'histoire démographique du pays. Les surfaces des rectangles sont déterminées par les facteurs qui agissent sur l'effectif de la population : la natalité qui joue sur l'effectif à la naissance, la mortalité qui réduit aux différents âges la taille du groupe et les mouvements migratoires. Les changements durables ou les variations accidentelles de la natalité et de la mortalité donnent à la pyramide des âges un profil particulier. Pour un pays donné, sur une période plus ou moins longue, l'évolution de la pyramide des âges permet de repérer les changements de régimes démographiques. On peut ramener ces situations à quatre types de figures.

La pyramide dite en accent circonflexe à large base et à flancs rapidement déclinants s'achève dans un sommet très étroit. Elle est caractéristique de pays associant une forte natalité et une forte mortalité à tous les âges ; elle correspond au régime démographique dit primitif. Par sa forme, on trouve le cas de l'Afrique subsaharienne, bien que sa situation sanitaire se soit améliorée par rapport à la mortalité du régime primitif, ou de la France de 1775 (figures 18 et 20).

La pyramide en forme de meule (cas de l'Amérique latine en 1995, figure 18) traduit une situation où la natalité est encore importante mais le nombre de naissances se stabilise, la mortalité est en diminution à tous les âges, particulièrement aux jeunes âges.

La pyramide en forme d'urne (cas de l'Europe en 1995, figure 17) témoigne d'une diminution des naissances par rétrécissement de la base, la mortalité diminue fortement aux âges les plus avancés avec un sommet épaissi. Elle caractérise le double processus de vieillissement par le bas et de vieillissement par le sommet de la pyramide ; elle correspond au régime démographique dit moderne.

La pyramide en *as de pique* (la France de 1954, figure 20) exprime une reprise de la natalité induisant un rajeunissement de la population qui dans le cas de la France accompagne la poursuite du vieillissement.

Pour un pays donné, l'évolution d'un accent circonflexe vers une forme d'urne, traduit le passage du régime démographique primitif à fortes fécondité et mortalité vers le régime moderne de faible fécondité et basse mortalité, et pour passer de l'un à l'autre, une transition démographique qui réduit progressivement la base de la pyramide des âges et enfle ses flans par réduction de la mortalité d'abord aux jeunes âges puis plus tard, aux âges avancés.

Les dissymétries qu'accusent les pyramides des âges traduisent des déséquilibres de natures différentes : certains relèvent de lois bio-sociales, d'autres de l'histoire du pays. Le déséquilibre de la base de la pyramide, plus longue à gauche qu'à droite, traduit la constante biologique d'un excédent de naissances masculines sur les naissances féminines. Mais avec l'âge, ce déséquilibre se renverse au profit des femmes par l'effet de la surmortalité masculine, particulièrement nette dans les sociétés occidentales. Si la pyramide des âges des pays occidentaux prend de plus en plus la « grosse tête », c'est une tête dissymétrique enflée sur sa droite, les femmes étant, aux âges avancés, beaucoup plus nombreuses que les hommes. Dans l'Union européenne, après 65 ans on compte 66 hommes pour 100 femmes et dès 80 ans les femmes sont deux fois plus nombreuses que les hommes. La féminisation des grands âges traduit l'inégalité des sexes devant la mort et s'accompagne d'un isolement croissant des femmes : après 80 ans, 2 femmes sur 3 vivent seules.

*Figure 17 - Pyramides des âges de L'Europe, de l'Amérique du Nord,
de l'ex-URSS et de l'Océanie en 1995*

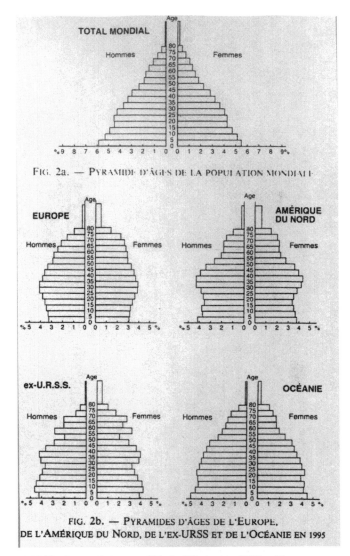

Source : J. Vallin, *La population mondiale*, La Découverte, 1995, p.31.

Figure 18 – Pyramides des âges de l'Asie Orientale, de l'Asie Méridionale,
de l'Amérique Latine et de l'Afrique en 1995

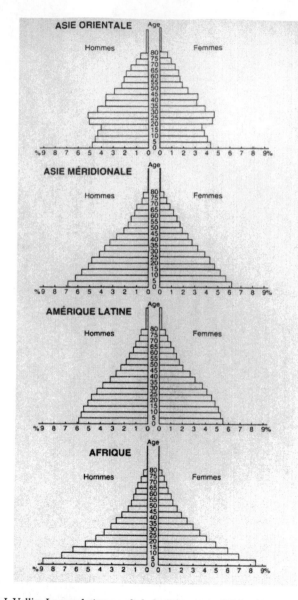

Source : J. Vallin, *La population mondiale*, La Découverte, 1995, p.32.

Quelques ratios à propos du sexe et de l'âge : rapport de masculinité et indice de vieillissement des populations

Le rapport de masculinité permet de quantifier selon le sexe et l'âge, les dissymétries observées sur une pyramide des âges. L'attention portée sur les indicateurs de vieillissement traduit l'inquiétude soulevée par la croissance de la proportion des personnes âgées dans les pays développés. Leur interprétation soulève des questions qui dépassent la stricte approche démographique et renvoient au fonctionnement et aux valeurs par lesquels la société entend organiser le tissu social.

a) Le rapport de masculinité

On quantifie par ce rapport les dissymétries observées à partir d'une coupe horizontale d'une pyramide des âges.

Définition : Le rapport de masculinité (RM) indique le nombre d'hommes pour 100 femmes d'un âge donné.

On le calcule en faisant le rapport de l'effectif masculin à l'effectif féminin.

Si l'on note H, l'effectif masculin total, F l'effectif féminin total, Hx l'effectif masculin d'âge x et Fx l'effectif féminin d'âge x :

Le nombre d'hommes pour 100 femmes dans la population s'élève à :

$$RM = \frac{H}{F} \; 100$$

Et pour un âge x , à : $$RM_x = \frac{Hx}{Fx} \; 100$$

Contrairement à la croyance des contemporains de John Graunt, dans une population suffisamment importante, le rapport[4] de l'effectif masculin à l'effectif féminin total n'est pas de 30, il est proche de 100 et varie peu d'un continent à l'autre. Dans les pays industrialisés, malgré d'importantes différences entre eux, ce rapport diminue avec l'âge, du fait de la surmortalité masculine à tous les âges. Sans l'interférence de phénomènes propres à certaines générations, ce rapport proche de 105 à la naissance, ne ferait que décroître avec l'âge.

---

[4] Le rapport de masculinité ne doit pas être confondu avec le taux de masculinité qui rapporte l'effectif masculin à l'effectif total.

a1) Écart à 105 du rapport de masculinité à la naissance

La stabilité du rapport de masculinité à la naissance autour de 105 traduit une véritable loi biologique. Plusieurs théories s'affrontent face à cette stabilité statistique.

La théorie de John Martin s'appuie sur une différence présumée de mobilité et de résistance des spermatozoïdes X qui déterminent le sexe féminin et les Y qui déterminent le sexe masculin. Les Y, plus rapides et à durée de vie plus courte provoqueraient plus de garçons chez les premiers nés[5]. Cette théorie explique « l'effet soldat », constaté en France et en Grande-Bretagne à la fin des deux guerres mondiales : l'activité sexuelle au début du mariage diminuerait l'écart entre accouplement et fécondation.

La théorie de William James repose sur les hormones. De forts taux d'œstrogènes et de progestérones chez les parents favoriseraient la venue de garçons alors que la présence importante de gonadotrophines favoriserait la naissance de filles.

Toujours est-il qu'à la naissance, tout écart du sex ratio à 105 traduit soit une déficience statistique, liée au sous-enregistrement des naissances d'un sexe, soit l'intervention des parents dans le choix du sexe de l'enfant. En Chine, en 1999, le rapport de masculinité à la naissance est officiellement de 118,5. En réponse à la politique démographique restrictive et coercitive adoptée en 1979, dite « politique de l'enfant unique »[6], la préférence pour le garçon liée au fonctionnement d'une société encore fortement rurale dans lesquelles le garçon constitue la « sécurité vieillesse » des parents, a provoqué des avortements de fœtus féminins, abandons, infanticides ou non-déclaration à l'état civil de millions de filles.

---

[5] Une étude publiée en 1994 sur la descendance d'une tribu indienne d'Arizona depuis 1868, les Havasupais, révèle que les deux premiers enfants des familles étaient plus souvent des garçons que des filles et inversement à partir du 5ème enfants, les filles sont majoritaires.

[6] En ville, l'enfant unique reste la règle, dans les campagnes, la politique de l'enfant unique n'a jamais atteint ses objectifs ; dès 1984, face au mécontentement populaire, deux enfants ont été acceptés. L'Etat est de moins en moins apte à contrôler la vie privée des couples ; son objectif est de ne pas dépasser 1,6 milliard de Chinois vers 2050.

a2) Effet d'âge, effet de génération : rapport de masculinité, cas de la France au 1-1-2000 (tableau 30, figure 19)

L'évolution du rapport de masculinité selon l'âge en France au 1/1/2000, noté RM, traduit un effet d'âge et un effet de génération. Si seul intervenait l'âge, la courbe serait globalement décroissante du fait de la surmortalité masculine, mais un effet de génération concerne les personnes proches de 55 ans[7].

Tableau 30 - Rapport de masculinité au 1/1/2000, France

Age	0-4	5-9	10-14	15-19	20-24
Hx	1 854 779	1 880 794	1 981 780	2 025 002	1 886 253
Fx	1 768 506	1 795 611	1 894 966	1 942 701	1 848 699
RM	**104,8**	**104,7**	**104,6**	**104,2**	**102,0**
	25-29	*30-34*	*35-39*	*40-44*	*45-49*
Hx	2 151 378	2 167 873	2 179 032	2 111 745	2 100 274
Fx	2 118 406	2 153 996	2 203 320	2 157 236	2 128 834
RM	**101,6**	**100,6**	**98,8**	**97,9**	**98,7**
	50-54	*55-59*	*60-64*	*65-69*	*70-74*
Hx	1 988 757	1 367 698	1 313 200	1 263 675	1 063 987
Fx	1 986 832	1 381 351	1 413 863	1 478 434	1 387 593
RM	**100,1**	**99,0**	**92,9**	**85,5**	**76,7**
	75-79	*80-84*	*85-89*	*90-94*	*95 et +*
Hx	838 711	310 996	254 371	81 630	17 683
Fx	1 259 087	556 325	588 010	252 966	69 329
RM	**66,6**	**55,9**	**43,3**	**32,3**	**25,5**

La hausse du rapport de masculinité vers 55 ans traduit l'impact de l'immigration, essentiellement masculine, des années 1960 de jeunes hommes d'une vingtaine d'années. Par le seul effet d'âge, le rapport de masculinité de 105 à la naissance tombe à 100 autour de 30 ans, à 75 autour de 70 ans.

---

[7] Le rapport de masculinité en 1980 faisait encore apparaître les effets de la Première guerre mondiale chez les hommes de 85 ans.

S'il y a plus de petits garçons que de petites filles à la naissance, nos sociétés produisent beaucoup plus de vieilles dames que de vieux messieurs. A 95 ans et plus en France, il y a 25 hommes pour 100 femmes.

Figure 19 – Evolution du rapport de masculinité selon l'âge en France au 1/1/2000

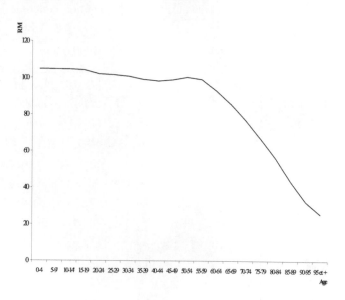

b) Indice de vieillissement des populations

L'indice de vieillissement des populations mesure la part des personnes âgées dans la population. Les tranches d'âges généralement retenues correspondent aux trois périodes de la vie marquées par le début et la fin de la vie active, d'où la partition de la population en jeunes J (0-19 ans), adultes A (20-59 ans), personnes âgées V (60 ans et plus).

$$\text{Indice de vieillissement} = \frac{V}{J + A + V}$$

Que l'on retienne 60 ou 65 ans comme l'âge d'entrée dans la vieillesse, le rapport de l'effectif des personnes âgées à l'ensemble de la population connaît de fortes disparités dans le monde mais la tendance de l'évolution future de ce rapport est à la hausse (tableau 31).

Tableau 31 – Structure par âge de la population
(Monde, Pays en développement, OCDE), 1999,2015

	Moins de 15 ans (%)		65 ans et + (%)	
	1999	2015	1999	2015
Monde	30,2	25,8	6,9	8,3
Pays en développement	33,1	28,1	5,0	6,4
OCDE	20,0	17,3	12,9	16,2

128 millions en 1950,419 millions en 2000, probablement 1,2 milliards en 2025 : le nombre des plus de 65 ans va tripler au cours des 25 prochaines années, celui des plus de 80 ans va décupler. Soulignons l'extrême contraste des structures de population dans le monde. Alors que les moins de 15 ans représentent 20% de la population d'Europe et d'Amérique du Nord, en Afrique ils sont 45%. Les 65 ans et plus y représentent respectivement 15 et 3%. Les pays ont les problèmes de leur structure par âge : si dans les pays riches et vieillissants les questions liées au financement des retraites, des dépenses de santé, à l'évolution des populations actives se posent dans un contexte de baisse de fécondité et d'allongement de durée de vie, dans les pays jeunes, particulièrement en Afrique, c'est le développement lui-même qui est en jeu à travers les problèmes d'éducation, de formation, de santé, de logements et d'emploi. La question du rapport entre développement et croissance démographique est au cœur des conférences mondiales sur la population qui se tiennent tous les dix ans. Si le lien entre croissance démographique et développement est unanimement reconnu, c'est le sens de la causalité qui opposera lors de la conférence de Mexico en 1984 les malthusiens, favorables d'abord à une limitation des naissances, aux partisans du développement comme solution à la baisse de la fécondité.

Les pays développés sont les premiers concernés par le vieillissement mais il touche également les pays en voie de développement ; selon l'OMS « c'est dans les pays du tiers monde que l'accroissement du nombre des personnes âgées sera le plus fort » ce qui dans une phase d'urbanisation galopante risque de rendre la cohabitation entre générations difficile accentuant le risque d'exclusion des personnes âgées. Dans les pays développés, les gains d'espérance de vie, après avoir profité aux jeunes et aux adultes, bénéficient davantage depuis les années 1950 aux personnes âgées. Baisses de la fécondité et de la mortalité provoquent des modifications structurelles de la composition de la population par âge, provoquant l'augmentation de la proportion des personnes âgées et la diminution de la proportion des jeunes dans la population. Au vieillissement par le bas de la pyramide, lié à la baisse de la fécondité s'ajoute un vieillissement par le haut lorsque la maîtrise de la mortalité concerne les grands âges. Les familles ont moins d'enfants et les personnes vivent de plus en plus âgées, tels sont les mécanismes du vieillissement. Loin d'être une malédiction, le vieillissement est l'effet inéluctable du remplacement d'un régime démographique grand producteur mais grand destructeur d'hommes par un régime ou la vie donnée est maintenue à des âges très avancés : il s'agit là d'un progrès. Ce transfert des jeunes vers les vieux s'amorce avec la transition démographique.

Le vieillissement est « avant tout un problème de gestion politique et sociale »[8]. Lorsque Colbert à la fin du XVIIᵉ retenait 60 ans comme l'entrée dans la vieillesse, sa préoccupation était de compter les hommes en état de porter les armes. Aujourd'hui, les frontières retenues dans la partition de la population en trois groupes d'âges, les jeunes, les adultes et les personnes âgées sont celles de l'entrée et de la sortie de la vie active : la retraite détermine de ce fait l'âge de la vieillesse alors que la population vit « jeune de plus en plus vieux »[9].

« L'accroissement de la population âgée et très âgée est le principal phénomène de société de cette fin de siècle ». La certitude d'une hausse dans le futur de l'indice de vieillissement permet d'anticiper les problèmes auxquels les sociétés seront confrontées. Aux responsables de susciter un débat démocratique sur le mode de vie que la collectivité veut offrir aux personnes âgées afin qu'elles ne vivent pas dans l'isolement et l'exclusion. En France, les plus de 60 ans qui étaient 11 millions en 1990 seront probablement 16 millions en 2015.

---

[8] P. Bourdelais : *l'Age de la vieillesse*, éditions Odile Jacob, 1993.

[9] Dans *La comédie des fonds de pension*, Arléa, 1999, J. Nikonoff dénonce la portée idéologique et normative de la notion de « vieillissement ».

A la dimension économique doit s'adjoindre une dimension éthique du vieillissement si l'on entend donner sens et dignité à l'allongement de la vie à des âges de plus en plus avancés[10].

L'évolution de la pyramide des âges en France de la fin du XVIIIe à la fin du XXe siècle

L'évolution des formes des pyramides des âges de la France au cours des deux derniers siècles révèle les transformations de la structure par âge de la population (tableau 32). La forme des pyramides des âges de la France passe successivement d'une pyramide en accent circonflexe à une pyramide en forme de meule, puis d'as de pique pour aboutir de nos jours à une pyramide en forme d'urne (figure 20).
Cette évolution traduit le long processus de vieillissement de la population, ralenti au cours de la période du « baby-boom » sans être interrompu pour autant par ce dernier.

Tableau 32 - Évolution de la structure par âge de la population française

Ages	1775	1851	1901	1946	1966	1989	1999
0-19	42,8	36,1	34,2	29,5	34,2	27,9	25,7
20-59	50,0	53,8	53,1	54,5	48,2	53,1	53,9
60+	7,2	10,1	12,7	16,0	17,6	19,0	20,4

Figure 20 – Pyramide des âges à différentes époques, France
Effectifs des groupes quinquennaux d'âges pour une population totale ramenée à 10 000 habitants

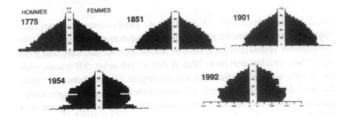

Source : J.Vallin, *La population française*, La Découverte, 1996, p.57

---

[10] En France en 1991, 70% des décès des plus de 65 ans ont eu lieu en milieu hospitalier ou institutionnel, en clinique ou en maison de retraite.

Figure 21 - Pyramide des âges de la France au 1-1-2002

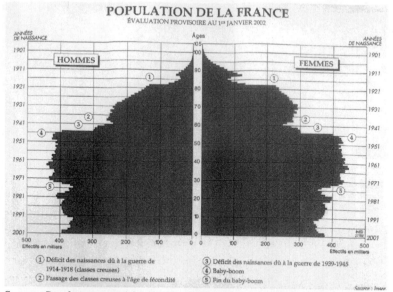

POPULATION DE LA FRANCE
ÉVALUATION PROVISOIRE AU 1er JANVIER 2002

① Déficit des naissances dû à la guerre de 1914-1918 (classes creuses)
② Passage des classes creuses à l'âge de fécondité
③ Déficit des naissances dû à la guerre de 1939-1945
④ Baby-boom
⑤ Fin du baby-boom

Source : *Population et sociétés*, n°378, avril 2002

Au cours de la période 1775-1999, la structure par âge de la population française se transforme. Le recul de la proportion des moins de 20 ans, visible dans le rétrécissement de la base des pyramides est interrompu par le baby-boom mais reprend son mouvement de longue tendance vers 1970, et s'accompagne d'une augmentation de la proportion relative des personnes de 60 ans et plus, processus appelé « vieillissement » de la population : de 7,3 % de la population en 1775, les 60 ans et plus représentent 10,1% en 1851, 16,2 % en 1950 et 20,4 % en 1999. Au lendemain de la Deuxième Guerre Mondiale, la population française va à la fois rajeunir et vieillir avec conjointement un élargissement de la base de la pyramide par reprise des naissances et augmentation de la part relative des 60 ans et plus dans la population.

Ayant démarré la première sa transition démographique, la France sera le premier pays au monde à connaître le processus de vieillissement ; elle sera rejointe au cours du vingtième siècle par les autres pays développés, perdant en cette fin de siècle toute spécificité démographique.

Sur le long terme, la baisse de la fécondité constitue le facteur essentiel de vieillissement de la population, vieillissement dit par le bas de la pyramide, la baisse de la mortalité ne constitue sur le long terme qu'un facteur récent de vieillissement, dit par le haut de la pyramide. La maîtrise de la mortalité commence aux jeunes âges au cours de la deuxième moitié du XVIIIe siècle et a pour effet un rajeunissement de la population. Ce n'est qu'à partir du moment où la baisse de la mortalité touche essentiellement les âges avancés, vers la fin des années 1950, que la baisse de la mortalité devient un facteur de vieillissement de la population.

La baisse de la mortalité, facteur de vieillissement depuis environ 40 ans constitue de nos jours un facteur de vieillissement de la population âgée elle-même : les 75 ans et plus représentaient 3,4% de la population totale en 1946, 4,4% en 1962, 5,6% en 1975, 6,6% en 1997 et alors que l'on comptait 200 centenaires en 1 950 on en compte 8 000 de nos jours.

Le vieillissement de la population est le résultat de la transformation profonde qui touche la société française au cours de la Révolution et de l'Empire, provoquant ce qu'Adolphe Landry allait qualifier en 1934 de « révolution démographique », terme supplanté dans les années 1950 par l'appellation nord américaine de « transition démographique ».

LE MOUVEMENT DE LA POPULATION

Dans la coexistence d'une centaine de générations, une population est en mouvement permanent. Chaque année, une nouvelle génération prend place alors qu'en moyenne une disparaît ; la mortalité touche des individus d'âge et de sexe différents, certaines personnes, nationaux ou étrangers, entrent sur le territoire et d'autres en sortent. Le mouvement, au sens large, enregistre l'ensemble de ces entrées (naissances plus immigrants), et sorties (décès plus émigrants). Le démographe isole le mouvement lié aux seuls naissances et décès, appelé mouvement naturel, naissances et décès étant considérés comme les deux composantes naturelles de la croissance démographique.

Le mouvement de la population résulte bien sûr du mouvement naturel et du mouvement migratoire mais ce dernier est considéré comme secondaire par rapport à l'effet des naissances et des décès, ce qui implicitement revient à privilégier le modèle d'une population fermée.

Taux d'accroissement d'une population

L'accroissement d'une population, au sens algébrique de variation d'un effectif entre deux périodes, souvent deux 1er janvier consécutifs, est le résultat d'un bilan.

Notons $P_{1/1/n}$ l'effectif de la population au $1/1/n$ et $P_{1/1/n+1}$ l'effectif de la population au $1/1/n+1$.

$\Delta P = P_{1/1/n+1} - P_{1/1/n} =$ Naissances − Décès + entrées − sorties

a) Taux d'accroissement et taux d'accroissement naturel

Pour rendre plus significative cette valeur absolue, on peut la rapporter à l'effectif de la population en début de période :

$$\frac{P_{1/1/n+1} - P_{1/1/n}}{P_{1/1/n}}$$

Ce taux n'est pas satisfaisant car les événements qui figurent au numérateur sont issus d'une population qui se modifie sans cesse. On ne peut faire dépendre le bilan $P_{1/1/n+1} - P_{1/1/n}$ de la seule population initiale. D'où le taux retenu par le démographe :

$$r = \frac{P_{1/1/n+1} - P_{1/1/n}}{\dfrac{P_{1/1/n} + P_{1/1/n+1}}{2}} = \frac{N - D - I - E}{\overline{P_n}}$$

ou $\overline{P_n}$ représente la population moyenne au cours de l'année n.

Le taux d'accroissement r permet d'apprécier la croissance d'une population qui résulte d'un double mouvement : le mouvement naturel et le mouvement migratoire. Les flux relatifs aux naissances (N), décès (D), immigration (I) et émigration (E) entre le $1/1/n$ et le $1/1/n+1$ peuvent se mesurer par leur fréquence d'apparition dans la population :

$$\frac{N}{\frac{P_{1/1/n} + P_{1/1/n+1}}{2}} \quad ; \quad \frac{D}{\frac{P_{1/1/n} + P_{1/1/n+1}}{2}} \quad ; \quad \frac{I}{\frac{P_{1/1/n} + P_{1/1/n+1}}{2}} \quad ; \quad \frac{E}{\frac{P_{1/1/n} + P_{1/1/n+1}}{2}}$$

rapports qui représentent respectivement les taux de natalité, de mortalité, d'immigration et d'émigration.

Le taux d'accroissement naturel est défini comme la différence entre le taux de natalité (TBN) et le taux de mortalité (TBM), le taux d'immigration nette comme la différence entre le taux d'immigration et le taux d'émigration. Si l'on note par a le taux d'accroissement naturel, le taux d'accroissement de la population r est égal au taux d'accroissement naturel augmenté du taux d'immigration nette.

r = (TBN – TBM) + (i-e) = a + (i-e)

Du fait des difficultés liées à l'enregistrement des flux migratoires, le solde migratoire I - E est généralement calculé par différence entre l'augmentation totale de la population et le solde naturel[11].

Tableau 33 - Évolution de la population de la
France métropolitaine 1949, 1959, 1969, 1979, 1989 à 2001(p)

	1949	1959	1969	1979	1989	1993	1994
N(m)	869	826	840	757	765	712	711
D	570	506	571	542	529	532	520
Δ total	334	450	420	250	307	249	241
N-D	299	320	269	216	236	179	191
I-E	35	130	152	35	71	70	50
P(m)	41 647	45 465	50 528	53 731	56 577	57 467	57 659
r ‰	8,02	9,90	8,31	4,65	5,43	4,33	4,18
a ‰	7,2	7,04	5,30	4,00	4,17	3,11	3,31
i-e ‰	0,82	2,86	3,01	0,65	1,26	1,22	0,87

---

[11]Ainsi calculé, ce solde risque de traduire un « effet qualité » d'enregistrement entre recensements et non un mouvement réel de population.

	1995	1996	1997	1998	1999	2000(p)	2001(p)
N(m)	730	734	727	738	745	775	775
D	532	536	530	534	538	536	528
Δ total	238	234	236	249	252	288	307
N-D	198	199	196	204	207	238	247
I-E	40	35	40	45	45	50	60
P(m)	57 844	58 026	58 207	58 398	58 623	58 893	59 190
r ‰	4,11	4,03	4,05	4,26	4,30	4,89	5,19
a ‰	3,42	3,41	3,37	3,49	3,53	4,04	4,17
i-e ‰	0,69	0,62	0,68	0,77	0,77	0,85	1,02

m= en milliers, p : données provisoires
Tableau effectué à partir de *Population et Sociétés* n°378, avril 2002.

En France, le taux d'accroissement de la population s'est stabilisé autour de 4‰ depuis la fin du baby boom (tableau 33). Alors qu'ils représentaient 40% de l'accroissement de la population dans les années 1960, les mouvements migratoires n'en représentent plus que 20% actuellement. Depuis les lois Pasqua de 1993, le regroupement familial, les réfugiés et travailleurs ont vu leur nombre chuter (tableau 34) et 84% des demandes d'asile sont rejetées. Les pénuries de main-d'œuvre annoncées vont sans doute infléchir cette tendance.

Tableau 34 – Flux d'immigration d'étrangers depuis 1990, France

	1990	**1991**	**1992**	**1993**
Total	96 997	102 483	111 222	94 098
Dont : Travailleurs permanents	22 393	25 607	42 255	24 381
Regroupement familial	36 949	35 625	32 665	32 421
Conjoints de Français	15 254	18 763	19 045	20 062
Réfugiés	13 486	15 467	10 819	9 914
	1994	**1995**	**1996**	**1997**
Total	64 102	49 396	50 620	64 972
Dont : Travailleurs permanents	18 349	13 106	11 450	11 004
Regroupement familial	20 646	14 360	13 889	15 535
Conjoints de Français	13 145	13 387	15 641	11 099
Réfugiés	7 025	3 751	4 344	3 334

Source : Ined.fr/population en chiffres

A l'échelle de la planète, l'évolution de la population est régie par le seul mouvement naturel soit par les naissances et les décès. Le taux d'accroissement de 1,3% en 2000 recouvre des situations contrastées, allant de 3% pour l'Afrique Centrale à 0,1% pour l'Europe occidentale, 1,4% pour l'Asie, 1,6% pour l'Amérique Latine et 0,5% pour l'Amérique du Nord. Le maximum de croissance démographique a été atteint au début des années 70, période d'entrée d'un grand nombre de pays dans le second stade de la transition démographique, marqué par la baisse de la fécondité.

Au XIXe siècle, l'antériorité de la baisse de la mortalité sur celle de la natalité a assuré aux pays d'Europe occidentale, à l'exception de la France, des taux d'accroissement naturels proches de 1 à 1,5%. Dans certains pays du Tiers Monde, la baisse de la mortalité, amorcée depuis quatre décennies environ, s'accompagne du maintien d'une natalité élevée provoquant des taux d'accroissement naturel de l'ordre de 3%. En 2000, le Tchad, le Yémen connaissent des taux d'accroissement démographique de 3,3% alors que certains pays tels l'Allemagne, la Russie ont des taux négatifs avec respectivement - 0,1% et -0,6%.

b)   Taux d'accroissement naturel, temps de doublement et facteur multiplicatif d'une population

Lorsque Malthus énonce sa loi de population, il fait référence à une population qui augmenterait à taux constant, appelée population exponentielle. A partir de l'hypothèse, fort lourde et improbable pour le futur, de constance du taux d'accroissement naturel sur une période relativement longue, on peut, à partir de la formule des intérêts composés, calculer le temps de doublement d'une population ou encore le facteur par lequel serait multipliée une population en un nombre d'années déterminé, 100 ans par exemple.

- Temps de doublement d'une population dont l'effectif en début de période est P_0 et le taux d'accroissement naturel constant a (tableau 35) au bout d'un an $\quad\quad P_1 = a\,P_0 + P_0 = P_0\,(1 + a)$

au bout de deux ans $\quad P_2 = a\,P1 + P1 = P_0\,(1 + a)^2$

$\bullet\qquad\qquad\qquad\qquad\bullet$

$\bullet\qquad\qquad\qquad\qquad\bullet$

$\bullet\qquad\qquad\qquad\qquad\bullet$

au bout de n années $\quad P_n = P_0\,(1 + a)^n$

Supposons le doublement de la population : $P_n = 2\,P_0$

$$2\,P_0 = P_0\,(1 + a)^n$$

$$n = \frac{\text{Log } 2}{\text{Log } (1 + a)}$$

Si le taux mondial de croissance démographique se maintenait durablement à 1,3%, son niveau de 2001, la population mondiale doublerait en 53,7 ans. L'hypothèse d'un taux d'accroissement a constant revient à nier la poursuite de la transition démographique dans les pays qui l'ont aujourd'hui entamée, hypothèse non recevable.

Tableau 35 - Taux d'accroissement et temps de doublement d'une population

Taux annuel d'accroissement (‰)	5	10	15	20	25	30	35	40
Temps de doublement (ans)	139	69,7	46,5	35,0	28,1	23,4	20,1	17,7

Les taux extrêmes de 5‰ et 40 ‰ correspondent respectivement aux situations de l'Europe et de certains pays d'Afrique de l'Est.

- Facteur multiplicatif α d'une population progressant à taux constant, au bout de n années (tableau 36)

$$P_n = P_0(1+a)^n \quad , \quad \alpha\,P_0 = P_0\,(1 + a)^n \quad , \quad \alpha = (1 + a)^n$$

Si le taux d'accroissement naturel se maintenait à 1,3 % sur 100 ans, la population mondiale verrait son effectif actuel multiplié par un facteur de 3,64 ; elle atteindrait environ 22,34 milliards d'habitants, alors que la stabilisation est prévue à l'issue de cette même période autour de 10 milliards.

Tableau 36 - Taux d'accroissement et facteur multiplicatif d'une population

Taux annuel d'accroissement (‰)	5	10	15	20	25	30	35	40
Facteur multiplicatif à l'issue de 100 ans	1,65	2,70	4,44	7,24	11,8	19,2	31,2	50,5

Ce type de calcul sert davantage à attirer l'attention sur les conséquences d'une croissance démographique soutenue qu'à tester une hypothèse de croissance durable sur longue période.

c)   Taux d'accroissement naturel et dynamique de population

Les structures par âge de la population peuvent masquer les forces propres de la mortalité et de la fécondité. Or, le taux d'accroissement naturel, différence entre le taux brut de natalité et le taux brut de mortalité subit l'impact des structures par âge. Ce taux est en conséquence un mauvais indicateur de la dynamique de la population. Le taux d'accroissement naturel présente le double inconvénient de masquer le facteur actif du numérateur, une population pouvant augmenter du fait d'une reprise des naissances ou d'une diminution des décès et d'être influencé par l'effet de structure, présent dans le niveau des naissances et des décès. Les décès peuvent augmenter du fait du vieillissement de la population et non d'une dégradation de la situation sanitaire, le nombre de naissances peut augmenter du fait de l'importance des classes d'âge les plus fécondes et non d'une diminution de l'intensité de la fécondité. Pour apprécier l'effet de la fécondité et de la mortalité indépendamment de la structure par âge de la population, il faut synthétiser à travers un indice, une force propre de renouvellement, c'est l'objet de l'analyse de la reproduction.

LA REPRODUCTION

La reproduction est l'étude du renouvellement de la population sous l'angle du remplacement des générations . Elle s'appuie sur le calcul du taux net de reproduction, noté TNR. Une relation empirique permet de comprendre le très médiatisé 2,1 enfants par femme nécessaire au renouvellement des générations.

a) Le taux net de reproduction

Le taux brut de reproduction, calculé en l'absence de mortalité des femmes, indique le nombre de filles mises au monde par une femme d'une génération, fictive ou réelle selon que l'on étudie la fécondité d'une année ou d'une génération réelle. Le TBR est un indice qui mesure l'intensité de la fécondité mais non le remplacement des générations. Si l'on s'intéresse au renouvellement d'une génération, il faut prendre en compte la mortalité et la fécondité affectant une génération féminine.

a1) Le taux net de reproduction du moment

Définition : Le taux net de reproduction du moment indique le nombre de filles par femme d'une génération fictive qui aurait à tous les âges les taux de mortalité et de fécondité de l'année.

La table de mortalité du moment, construite à partir des taux de mortalité de l'année, et les taux de fécondité par âge de l'année saisissent la mortalité et la fécondité sans effet de structure.

Table de mortalité, année n	Taux de fécondité par âge, année n
S0	0
S1	0
•	•
S15	f15
S16	f16
S17	f17
•	•
S48	f48
S49	f49
S50	f50

Par le produit Si . fi , on obtient le nombre de naissances issues des survivantes d'âge i, donc

$$\sum_{i=15}^{49} S_i \cdot f_i = \text{naissances totales chez les survivantes de 15 à 49 ans}$$

$$\frac{\displaystyle\sum_{i=15}^{49} S_i \cdot f_i}{S0} = \begin{array}{l}\text{nombre d'enfants par femme d'une génération}\\ \text{fictive qui aurait à chaque âge la mortalité et}\\ \text{la fécondité de l'année.}\end{array}$$

C'est la descendance finale nette. Si on ne retient que les filles, on obtient le taux net de reproduction, noté TNR ou R0 : une femme prise à la naissance sera remplacée à 50 ans par x filles, x représentant le TNR.

$$TNR = tf \ \frac{\sum\limits_{i=15}^{49} S_i \cdot f_i}{S0}$$

tf représente le taux de féminité des naissances, constante égale à 100 / 205

Définition : Le taux net de reproduction du moment exprime le nombre de filles par femme d'une génération fictive qui aurait à tous les âges les taux de mortalité et de fécondité de l'année.

Si le taux net de reproduction est égal ou supérieur à 1, une femme est remplacée par une fille ou plus d'une fille. La génération féminine a assuré son remplacement. Un taux net de reproduction inférieur à 1 signifie que le remplacement de la génération n'est pas assuré dans les conditions de fécondité et de mortalité de l'année, en l'absence de migration.

En France, le TNR a été supérieur à 1 de 1946 à 1974 avec un maximum en 1964 (1,374), année à partir de laquelle il décroît jusqu'à 1 en 1974. Depuis, le TNR est inférieur à 1 (0,822 en 1997).

a2) Le taux net de reproduction de génération

Si l'on s'intéresse à une génération réelle, on prendra la table de mortalité de la génération et ses taux de fécondité par âge. Le mode de calcul et l'interprétation des résultats sont identiques à ceux du taux net de reproduction du moment.

Ainsi, en France, avec un taux net de reproduction de 1,09 la génération des femmes nées en 1938 a fait plus qu'assurer son remplacement (100 femmes ont été remplacées par 109 filles). Celle née en 1960, ces femmes ont eu 40 ans en 2000, a d'ores et déjà un TNR de 1.

b)   Une liaison empirique entre le taux net et le taux brut de reproduction

Notons par a l'âge moyen des mères à la naissance de leurs enfants[12] et par s_a la probabilité de survie des femmes à cet âge. Il existe une relation empirique entre le taux net de reproduction et le taux brut de reproduction :

$$R_0 = s_a R$$

où s_a mesure la probabilité de survie des femmes à l'âge a, notée précédemment $_a p_0$

$$s_a = \frac{S_a}{S_0}$$

S_0 est la racine de la table de mortalité et Sa les survivantes à l'âge a, âge moyen à la maternité.

Cette approximation revient à attribuer la descendance finale brute réduite aux filles à la seule fraction des femmes qui atteint l'âge moyen des mères à la procréation. Si la mortalité dans une génération féminine était nulle jusqu'à 50 ans (Sa = S_0), R0 et R seraient égaux.

c)   Le fameux seuil de 2,1 enfants par femme

Pour assurer le strict remplacement des générations, il faut que le taux net de reproduction soit égal à 1. La détermination du « seuil de remplacement des générations » revient à définir le nombre d'enfants nécessaires à ce remplacement.

$$TNR = 1 = TBR \cdot s_a = tf \cdot ICF \cdot s_a$$

$$ICF = \frac{1}{s_a \cdot tf}$$

L'ICF qui assure le strict remplacement des générations dépend de la mortalité à travers la probabilité de survie des mères à l'âge moyen à la maternité, s_a.

---

[12] En France sur 1980-2000, cet âge n'a fait qu'augmenter passant de 26,8 ans en 1980 à 29,4 ans en 2000.

S'il reste 9750 survivantes à l'âge moyen à la maternité, situation des pays développés, l'indicateur conjoncturel de fécondité qui assure le strict remplacement de la génération fictive s'élève à :

ICF = 1 / 0,9750 . 0,488 = 2,1 enfants par femme

Mais s'il ne reste que 7000 survivantes à l'âge a, l'indicateur conjoncturel de fécondité sera de :

ICF = 1 / 0,7000 . 0,488 = 2,93 enfants par femme

Le « 2,1 enfants par femme » ne vaut que pour le régime de mortalité des pays développés. Au XVIIe siècle en France, du fait de la forte mortalité aux jeunes âges, il fallait environ 5 enfants par femme pour assurer le strict renouvellement des générations.

POPULATIONS STABLES ET POPULATIONS STATIONNAIRES

a) Taux de Lotka et populations stables

Le taux net de reproduction du moment R_0 peut être rattaché au taux d'accroissement naturel, en supposant constantes sur une longue période les conditions de mortalité et de fécondité, données respectivement par les taux de mortalité par âge et les taux de fécondité observés à un moment donné. Si ces conditions sont remplies, l'évolution de la population est régie par un taux d'accroissement naturel invariable r, entièrement déterminé par les conditions de mortalité et de fécondité.

$$r = \sqrt[a]{R_0} - 1$$

r porte le nom du démographe américain Lotka qui proposa en 1934 le modèle des populations stables. Le taux de Lotka , dit encore taux intrinsèque d'accroissement naturel, est le taux de croissance d'une population dont les conditions de mortalité et de fécondité sont constantes. Cette population évolue vers un état stable, indépendant de la structure par âge initiale. Des changements dans les régimes de mortalité et de fécondité provoquent une modification dans le temps de la structure par âge de la population, repérable dans l'évolution des pyramides des âges sur longue période. Une stabilisation à terme des régimes de fécondité et de mortalité fait évoluer la structure par âge vers une structure stable ne gardant aucune trace de la structure initiale. Des populations de structures par âge différentes mais régies par un même régime stable de mortalité et de fécondité, évolueraient vers une même structure par âge. Leurs caractéristiques démographiques seraient identiques et constantes, la seule variable étant l'effectif qui évoluerait au taux r, le taux brut de natalité, le taux brut de mortalité et donc le taux d'accroissement naturel étant constants. L'usage de la génération fictive s'inscrit dans cette hypothèse de maintien des conditions de mortalité et de fécondité du moment.

b)   La population stationnaire, cas particulier d'une population stable

Les populations malthusiennes constituent un cas de population stable, le taux de natalité, le taux de mortalité et le taux d'accroissement naturel sont constants. Un cas particulier de population stable est celui dont le taux d'accroissement naturel est nul. Une telle population est dite stationnaire. Les naissances chaque année compensent les décès. Le taux net de reproduction est égal à 1. Chaque génération nouvelle a l'effectif de la précédente. Ce modèle de population présente un intérêt lié au dernier stade de la transition démographique vers lequel sont supposés tendre tous les pays.

Notons S0 l'effectif annuel des naissances.

Les effectifs de 0 an révolu s'élèvent à $(S_0 + S_1) / 2$; ceux de 1 an révolu à $(S_1 + S_2) / 2$

L'effectif total de la population est la somme des effectifs à 0, 1, 2 ans, … w ans révolus :

$$P = \frac{S_0 + S_1}{2} + \frac{S_1 + S_2}{2} + \dots + \frac{S_w\text{-}1 + S_w}{2} =$$

$$\frac{S_0 + 2 (S_1 + S_2 + \dots + S_w)}{2} = \frac{S_0}{2} + \sum_{i=1}^{w} S_i$$

Le taux de natalité est égal à S_0 / P

$$TBN = \frac{S_0}{P} = \frac{S_0}{\dfrac{S_0}{2} + \sum_{i=1}^{w} S_i} = \frac{1}{0,5 + \dfrac{\sum_{i=1}^{w} S_i}{S_0}}$$

Le dénominateur n'est rien d'autre que l'espérance de vie à la naissance.

$$TBN = \frac{1}{e_0} = TBM \qquad et \qquad P = S_0 . e_0$$

Lorsque le nombre annuel de naissances et la durée de vie sont constants, le produit des naissances par la durée de vie moyenne détermine l'effectif de la population stationnaire.

La pyramide des âges correspond dans ce cas à la fonction de survie. Le diagramme de Lexis permet de représenter une population stationnaire de façon simple (figure 22).

Figure 22 – Diagramme de Lexis d'une population stationnaire

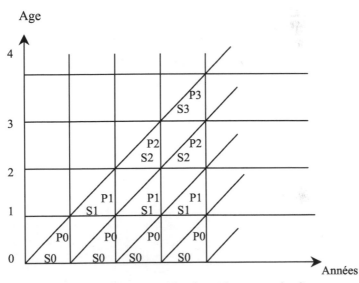

- Le nombre des naissances est identique chaque année, S_0.
- Le nombre de décès est identique pour un âge donné donc l'effectif des survivants Si est stable dans le temps.
- L'effectif de la population étant constant :

$$N = S0 = D$$

$$TBN = \frac{N}{P} = TBM = \frac{D}{P}$$

- La structure de la population est définie par la table de mortalité (probabilité de survie identique pour un âge donné).

$$P = \sum_{i=0}^{w} P_i$$

et $\qquad P_i = \dfrac{Si + Si+1}{2}$

Donc $\qquad P = \dfrac{S0}{2} + \sum_{i=1}^{w} Si$

$P = S0 \cdot e_0$

On peut associer à toute table de mortalité, la population stationnaire correspondante. A la table de mortalité simplifiée de la France pour 1984-1986 correspond la population stationnaire représentée dans le tableau 37 :

Tableau 37 - Population stationnaire associée à une table de mortalité

	Données			Calculs		Résultats	
Age x	Nombre de survivants à l'âge x, Sx	Espérance de vie à l'âge x ex	Population âgée de x et +	Population par tranche d'âge	Répartition par tranche d'âge (%)	Tranche d'âge	
0	100	75	7 500				
				}2 100	28	0-19	
20	98	55	5 400				
				}3 700	50	20-59	
60	85	20	1 700				
				}1 700	22	60 et +	
				7 500	100	Total	

Source : A. FOUQUET et A. VINOKUR : Démographie socio-économique, mémento Dalloz, 1990, p. 140.

Mode de calcul :

P (x et +) = Sx $\cdot e_x$

P (x, x + a) = Px - P (x + a)

$P = N\, e_0 = 740\,000 \cdot 75 = 55\,500\,000$

La structure par âge de la population stationnaire associée à la table de mortalité de la France de 1984-86 est indépendante du nombre des naissances (740 000). Une telle population se stabiliserait avec 28% de moins de 20 ans, 50% de 20 à 59 ans et 22% de 60 ans et plus. Si le nombre de naissances se fixait à 740 000 par an et l'espérance de vie à 75 ans, la population se stabiliserait à 55,5 millions de personnes.

Ces modèles doivent demeurer des références théoriques ; comme nous l'avons illustré à l'aide de la table de mortalité de la France 1984-86, ils permettent de situer des ordres de grandeur. L'évolution des conditions entre 1985 et 2001 conduirait, en supposant maintenue la situation de 2001 [774 800 naissances, e_0 égale à 78 ans] à un effectif stationnaire de N . e_0 soit 60,434 millions de personnes. Les taux de natalité et de mortalité resteraient fixes à :

$$\text{TBN} = \text{TBM} = \frac{1}{e_0} = \frac{1}{78} = 12,8‰$$

En guise de conclusion nous rappellerons que le dynamisme d'une population ne peut se saisir à travers le mécanisme de la génération fictive et des conditions du moment qui supposent maintenues pour le futur les conditions de fécondité et de mortalité, car il faut tenir compte de la structure par âge de la population et saisir son articulation avec les deux fonctions précédentes. Le remplacement d'une génération réelle est, par contre, bien appréhendé par le taux net de reproduction R_0.

Un taux net de reproduction inférieur à 1 peut suffire à assurer le maintien ou l'augmentation de l'effectif total de la population, si l'espérance de vie des filles est supérieure à celle des mères au-delà de 50 ans. Pour l'ensemble du XIXe siècle, le taux net de reproduction a été pour les diverses générations inférieur à 1, mais les gains importants d'espérance de vie entre générations ont permis une augmentation de la population. Le ralentissement actuel des gains d'espérance de vie limite le jeu de ce mécanisme.

DEBATS ET CONTROVERSES ENTRE DEMOGRAPHES

En France, au cours de la décennie 1990, des débats très médiatisés autour du natalisme, de l'équilibrage planétaire des flux de population, de l'immigration et des critères ethniques, opposent des démographes dans un climat souvent passionnel.

Au printemps 1990, une polémique entre Hervé Le Bras et Gérard Calot, alors Directeur de l'INED, porte explicitement sur les questions d'indices. Le débat s'ouvre à propos de la confrontation d'indices de fécondité entre la France et la Suède. Le choix par l'INED de la descendance finale, substituée à l'indice conjoncturel de fécondité, indicateur jusque là largement utilisé, suscite la réaction vive d'Hervé Le Bras : ce changement d'indice, qui permet de faire passer la France devant la Suède, constitue à ses yeux une manipulation de l'opinion et une dissimulation volontaire de la vérité. Avec un indice conjoncturel de 1,8 on a voulu inquiéter l'opinion française, laissant penser que les générations ne se renouvelaient pas, par référence tacite au chiffre de 2,1 toujours mis en avant. Or 2,1 c'est précisément la descendance finale observable des dernières générations[13]. Entre 1,8 et 2,1 il existerait tout un non-dit qui servirait à alimenter l'inquiétude liée au vieillissement, à l'agonie de la civilisation, à la dépopulation. La différence entre les deux indices s'explique par une évolution du calendrier des naissances de plusieurs générations, celles qui précisément maîtrisent la contraception, pas seulement pour choisir le nombre d'enfants mais pour choisir le moment auquel ils vont naître. L'indice conjoncturel, en baisse après 1964, stagne depuis 1976 autour de 1,8 enfants par femme, la descendance finale, après une baisse, est devenue stationnaire à 2,1 enfants par femme. L'accent mis sur l'indice conjoncturel jusqu'en 1990 renvoie selon H. Le Bras à l'option nataliste de l'INED. Prenant la relève en moyens et en hommes de la fondation Carrel, créée sous Vichy en 1941, l'INED aurait selon Hervé Le Bras également assuré la relève idéologique nataliste.

---

[13] La descendance finale pour la génération féminine née en 1945 est de 2,22, de 2,11 pour la génération de 1950 et de 2,12 pour celle de 1955 ; l'âge moyen à la maternité est passé respectivement de 26 ans à 26,5 ans puis à 27 ans.

Pour comprendre l'existence de cette controverse aujourd'hui, il faut se reporter au contexte démographique français qui eut en son temps une spécificité réelle ce qui n'est plus le cas de nos jours. L'évolution des caractéristiques de la population française enlève à l'idéologie nataliste les bases qui étaient les siennes au XIXe siècle. Or, les natalistes ont maintenu leurs positions, alors même que les pays voisins rejoignaient la situation démographique française qui perdait tout particularisme. Le contexte historique de la démographie française est unique : la France a, la première au monde, engagé sa transition démographique dans des conditions particulières où fécondité et mortalité ont connu une chute simultanée dès le milieu du XVIIIe siècle. Dans un environnement en forte expansion démographique, le rang de la France a régressé tout au long du XIXe siècle du fait de son faible accroissement naturel. Au-delà de la défaite militaire, 1870 marque la fin de la domination démographique française en Europe et la prise de conscience de notre immobilisme face au dynamisme allemand en particulier : le déclin fatal et l'asservissement probable, tel était le prix annoncé de cette fécondité réduite. La baisse de la mortalité suivie avec retard par celle de la fécondité, conduit en quelques décennies l'ensemble des pays développés vers la situation française. Mais en dépit de cette convergence, la recherche démographique française reste marquée par ses origines natalistes et sa phobie du vieillissement. Or, depuis les années 1950, les questions essentielles se sont déplacées des sphères nationales au niveau mondial. D'ici l'an 2100, la quasi-totalité de l'accroissement de population aura pour origine les pays les moins développés actuellement. Si les hypothèses se confirment, la population mondiale pourrait se stabiliser d'ici la fin du siècle prochain autour de 10 milliards d'habitants. D'hexagonale, l'arrêt de la croissance démographique et le vieillissement des populations deviendront une réalité mondiale. « A long terme, le "quiétisme" de la démographie française est le destin universel » (J.M. Poursin). Ce processus largement en cours marque la fin de la spécificité de la démographie française. L'option nataliste des démographes français a perdu l'essentiel de sa justification. L'inéluctable vieillissement de la population mondiale fait que la seule expansion de la population ne peut plus servir de fondement idéologique et de source doctrinale à la politique démographique. Les enjeux de la démographie se sont déplacés du nombre vers le terrain de la cohésion sociale et vers celui des rapports entre générations, questions auxquelles seront confrontés tous les pays du monde plus ou moins rapidement.

Au-delà de la remise en cause de la ligne doctrinale de cinquante ans de recherche démographique et d'un siècle de tradition nataliste, Hervé Le Bras dénonce le lien entre certains membres de l'INED et l'extrême-droite à travers leur participation à des colloques et à des revues marqués par une idéologie nataliste xénophobe. Ce débat va resurgir en 1996 lors de la création par des anciens de polytechnique du groupe X-DEP, groupe démographie, économie et population. Jacques Lesourne se retirera de la présidence de ce groupe à la suite de ce qui fut considéré, après l'arrivée de Bruno Mégret, Claude Moreau, Alain Gallais, Philippe Bourcier de Carbon, Henri de Lesquen, tous membres du Front National, comme une infiltration de ce parti en quête de respectabilité et de reconnaissance de ses thèses sur l'inégalité des races, l'immigration galopante, la préférence nationale.

En 1998, un nouveau débat oppose Hervé Le Bras[14] à Michèle Tribalat spécialiste de l'immigration à l'INED, à propos de l'utilisation par cette dernière de critères ethniques tels que la langue, le lieu de naissance des individus et de leurs parents dans les études sur l'immigration. Au risque, dénoncé par H.Le Bras, de dérive xénophobe liée à la présence de l'origine raciale dans les études, M.Tribalat oppose l'inaptitude du seul critère de nationalité à rendre compte des phénomènes de discrimination.

---

[14] Les termes de ce débat sont présentés dans : Hervé Le Bras, *Le démon des origines*, édition de L'Aube, 1998.

CHAPITRE V
Le peuplement de la planète, faits et tendances

La production des données démographiques, leur traitement grâce à l'analyse démographique, les théories, ont permis une connaissance de plus en plus fine des faits de population et de leur évolution probable : lent pendant des millénaires, le rythme de peuplement retrouvera-t-il après la période de croissance des XIXe, XXe et XXIe siècles, un régime de faible croissance démographique ?

UNE PERIODISATION DU PEUPLEMENT DE LA PLANETE

Le taux de croissance de la population mondiale constitue le critère de cette périodisation. Les publications relatives au peuplement révèlent combien la recherche sur les filiations humaines est régulièrement remise en cause ; mais à l'échelle de notre préoccupation nous nous contenterons de rappeler les grandes étapes de l'apparition de l'Homme sur terre.

Il y a 4 millions d'années, apparaissent les Australopithèques, dont Lucy, fossile le plus célèbre. Puis succède le genre Homo[1], il y a 2,4 millions d'années avec l'Homo habilis, le plus ancien représentant du genre humain et l'Homo erectus qui il y a 500 000 ans maîtrise la conservation du feu. Descendant ou branche latérale d'homo habilis ? les deux thèses s'affrontent depuis la découverte en Asie de fossiles de 1,9 millions d'années. Enfin il y a 250 000 ans, s'impose l'Homo sapiens dont on connaît deux grands types, l'homme de Neandertal et Homo sapiens sapiens. L'homme de Cro-Magnon apparu en Europe il y a 40 000 ans est le premier homme moderne. Selon une hypothèse formulée en 1987 par Wilson, l'Homo sapiens serait né en Afrique, l'humanité actuelle dériverait d'un groupe unique et même d'une femme unique, présente en Afrique il y a 200 000 ans.

---

[1] Homo erectus ne serait-il qu'un cousin éloigné d'Homo sapiens ? Fait-il partie de notre lignée évolutive directe ? Les certitudes du paléontologue Gros Clark qui en 1964 avait donné naissance à Homo erectus, s'effondrent mais l'origine africaine de l'homo sapiens semble se confirmer.

A cette hypothèse s'oppose celle d'une évolution parallèle de l'Homo erectus vers l'Homo sapiens dans diverses régions du monde.

Les hypothèses de l'« Ève africaine » et du modèle multi-régional s'inscrivent toutes deux dans un peuplement très lent qui, au Ve millénaire avant J.C., porte la population mondiale à 15 millions d'habitants. Avec la révolution néolithique caractérisée par la découverte de l'agriculture et de l'élevage au IVe millénaire avant J.C, cette population est décuplée, puis atteint 250 millions au début de l'ère chrétienne, elle double au cours des seize siècles suivants, le premier milliard est atteint au XVIIIe siècle. On assiste alors à une fantastique accélération du peuplement. La population mondiale est multipliée par deux en un siècle, entre 1850 et 1950, passant de 1,17 milliards à 2,5 milliards, et double à nouveau mais en quarante ans, de 1950 à 1990, atteignant 5 milliards d'habitants[2]. Au cours de cette longue histoire, deux ruptures marquent le cours du peuplement, la révolution néolithique au IVe millénaire avant J.C. et la révolution démographique, d'abord en Europe puis dans la plus grande partie des pays de la fin du XVIIIe siècle au XXe siècle, révolution théorisée vers 1950 sous le nom de transition démographique.

Des origines du peuplement au milieu du XVIIIe siècle : le régime démographique primitif

Le passage d'une économie de chasse, de pêche et de cueillette, de dépendance par rapport à la nature, à la maîtrise de l'agriculture et de l'élevage transforme radicalement les conditions de vie des groupes humains qui vont pouvoir se sédentariser, se grouper, mieux se nourrir et se socialiser dans une division du travail de plus en plus poussée. La contrainte des subsistances s'allégeant, la population connaît une expansion qui, à la fin du IVe millénaire avant J.C., la porte autour de 150 millions d'habitants. La mortalité a dû fléchir et la fécondité, liée aux meilleures conditions de vie, progresser. Mais le renforcement des densités, en accentuant la proximité de vie, a favorisé la diffusion de nouvelles maladies. La croissance de la population durant cette période ne fut, sans doute, pas régulière.

---

[2] La population mondiale s'élève à 6,137 milliards mi-2001.

Le premier milliard est atteint en 1850 à la suite d'évolutions chaotiques faites de périodes de croissance et de décroissance, dont l'épisode terrible de la peste noire qui de 1348 à 1350 a amputé la population européenne de 20 à 25%.

Du néolithique au milieu du XVIIIe siècle, la population mondiale croît très faiblement. Les famines, les épidémies, les luttes entre groupes puis les guerres entre nations maintiennent en permanence le taux d'accroissement naturel à un niveau très faible. Si la révolution néolithique a desserré la contrainte des subsistances, favorisant un accroissement de population, les mécanismes qui assurent le renouvellement de la population restent fondamentalement les mêmes, des origines du peuplement au XVIIIe siècle. Le régime démographique primitif caractérise une situation de forte fécondité et de forte mortalité, les forces de la vie et celles de la mort s'équilibrant sur une période assez longue ; il s'accompagne d'alternance de phases de croissance et de décroissance de la population. Les famines constituent au cours de cette longue période de peuplement le principal régulateur de la croissance démographique : le peuplement reste soumis aux subsistances, les taux de natalité et de mortalité avoisinent 40‰, le taux de mortalité infantile 250‰ et l'espérance de vie à la naissance 25 ans. L'Europe ne se distingue pas encore du reste du monde, le XVIIIe siècle va transformer l'équilibre géo-politique à son profit.

La révolution démographique,
ou transition démographique dans les faits

La grande stabilité du régime démographique ancien éclate sous l'effet de la modernité qui fait entrer les deux événements démographiques majeurs que sont les décès et les naissances dans le domaine de l'intervention humaine. En sortant d'un ordre largement dominé par la nature, la mortalité et la fécondité échappent à la fatalité. Un nouveau régime démographique se met en place, d'abord en Europe puis en Amérique du Nord et touche le reste du monde au lendemain de la Deuxième Guerre Mondiale. Des spécificités relatives au démarrage de la transition, au rythme d'évolution de la mortalité et de la fécondité expliquent la grande variété de situations en ce début de XXIe siècle.

a)   La transition démographique en Europe

Entre 1750 et 1950, la population européenne, y compris celle de l'ex-U.R.S.S., passe de 146 millions à 572 millions malgré les deux guerres mondiales et le fort courant d'émigration de la fin du XIXe siècle. Le dynamisme démographique de l'Europe au cours du XIXe siècle s'explique par un long mouvement de baisse de la mortalité suivi avec retard d'une baisse de la fécondité. L'écart entre les deux mouvements assure aux pays européens dans leur ensemble des taux d'accroissement naturel de l'ordre de 1 à 1,5%. La part de la population européenne dans la population mondiale progresse de 19% à 26% entre 1750 et 1900. De la fin du XVIIIe au milieu du XXe siècle, la révolution démographique à l'œuvre fait chuter les taux de mortalité en Europe de l'Ouest de 30‰ à 20‰.

La fécondité, élevée jusque vers le milieu du XIXe siècle, amorce son mouvement long de déclin après avoir assuré à la population européenne une croissance démographique alors unique dans l'histoire du peuplement, avec des taux de 1 à 1,5%. En 1950, la part de l'Europe dans le monde est tombée à 23%, perte compensée par l'augmentation du poids relatif de l'Amérique qui à son tour bénéficie du régime élevé de croissance démographique de la première phase de la transition démographique. En 2001, l'indice synthétique de fécondité des pays d'Europe occidentale, de l'Amérique du Nord et du Japon se situe entre 1,3 et 2 enfants par femme. En Europe orientale, il est tombé au niveau de 1,2 enfants par femme dont 1,1 en Ukraine et en République Tchèque : la situation économique, politique et sociale n'encourage pas la procréation. Dans l'ex-RDA le taux de natalité a chuté de 12,9‰ en 1988 à 6,6‰ en 1991.

Vers 1950, le modèle industriel et démographique européen s'est étendu à l'ensemble du monde développé. Les pays, qu'A. Sauvy allait regrouper sous le nom Tiers Monde[3], présentaient alors des caractéristiques démographiques communes propres au régime démographique primitif.

b)   Les transitions démographiques dans le Tiers Monde

Lors de la deuxième moitié du XXe siècle, on assiste à une baisse générale de la mortalité. De 1950 à 2000, les pays en voie de développement gagnent 23 ans d'espérance de vie, passant de 41 ans en moyenne à 64 ans. Au cours de la même période, les pays développés gagnent 11 ans, passant de 65 à 76 ans. La diffusion des techniques médicales occidentales, véritable « greffe de civilisation » (J. Vallin), reste cantonnée à la lutte contre la mort, valeur universelle, alors que toucher aux forces qui donnent la vie renvoie aux valeurs et à la rationalité propres aux sociétés. Durant deux décennies, la chute de la mortalité s'accompagne du maintien du niveau antérieur de la fécondité à 6 ou 7 enfants par femme, alors que la chute de la mortalité permet de garder en vie de plus en plus d'enfants et alimente des classes d'âge fécondes de plus en plus nombreuses. Cette réalité, baptisée par l'Occident inquiet, d'explosion démographique, se traduit par la hausse des taux d'accroissement démographique mondiaux révélée par les enquêtes et recensements : 1,86% de croissance annuelle sur 1955-1960 et 2,04% sur 1965-1970, sommet probablement unique dans l'histoire du peuplement dont 2,6% en moyenne pour les pays les moins développés.

---

[3] Cette expression est utilisée pour la première fois dans un article de l'Observateur du 14 août 1954 "Trois mondes, une planète" dans lequel A. Sauvy évoque ce troisième monde : *"nous parlons volontiers des deux mondes en présence, de leur guerre possible, de leur coexistence, (...) il en existe un troisième, le plus important (...) c'est l'ensemble de ceux que l'on appelle (...) les pays sous-développés (...) ignoré, exploité, méprisé ... ".* (Vingt-sept ans plus tard, il récusera cette expression, en reconnaissant le caractère mondialisé et diversifié de la planète qui impose la prise en compte du régional, du local).

Dans les années 1970, l'unité démographique du Tiers Monde commence à se disloquer, la diversité des situations démographiques recoupe largement l'accroissement des inégalités de développement. Le cadre identitaire des pays du Sud éclate définitivement dans les années 1980. Entre les quatre dragons de l'Asie du Sud-Est et l'Afrique subsaharienne, entre le dynamisme relatif du Mexique et la situation difficile du Pérou, les pays du Sud, à travers l'extrême diversité de leur mode d'insertion dans l'économie mondiale, présentent une variété de voies de développement qui interdit aujourd'hui une approche unique. Alors que les décennies 1950 et 1960 sont celles du maintien de la fécondité à des niveaux élevés, le début des années 1970 annonce l'amorce du mouvement de déclin de la fécondité (tableau 38) dans un grand nombre de pays dont la Chine qui, du fait de son poids dans la population mondiale, explique à elle seule l'essentiel de la décrue des taux d'accroissement démographique mondiaux.

Tableau 38 - Évolution de l'indice synthétique de fécondité dans les pays en développement au cours de 1970-75 et 1995-2000

	ISF	
	1970-1975	1995-2000
Pays en développement	5,4	3,1
Pays les moins avancés	6,6	5,4
Pays arabes	6.5	4.1
Asie de l'Est et Pacifique	5,0	2,1
Amérique latine et Caraïbes	5,1	2,7
Asie du Sud	5,6	3,6
Afrique subsaharienne	6,8	5,8

Source : Rapport mondial sur le développement humain 2001, PNUD.

Pour la plupart des pays, la période de croissance démographique maximale appartient au passé comme en témoigne la décélération des taux de croissance démographique mondiaux : 1,97% par an sur 1970-1975, 1,75% sur 1975-1980, 1,67% sur 1980-1985 et 1,3% pour l'année 2001. Mais les structures par âge, héritées de la période de forte fécondité, font gagner 1 milliard d'habitants dans des temps de plus en plus courts : 15 ans (1960-1975), 13 ans (1975-1987), 12 ans entre 1987 et 1999 et probablement 11 ans entre 1999 et 2010 ; à partir de cette date le milliard d'habitants supplémentaire nécessitera une durée de plus en plus longue.

LES EFFETS DE LA DYNAMIQUE DU PEUPLEMENT SUR LA REPARTITION GEOGRAPHIQUE ET SUR LA STRUCTURE PAR AGE DES POPULATIONS

L'évolution de la fécondité et de la mortalité dans les différentes régions du monde opère une transformation importante de la répartition des hommes dans l'espace ainsi que de la structure par âge des populations.

L'évolution du poids démographique des grandes régions du monde

Du début du XIXe siècle à la période actuelle, la population mondiale a été multipliée par plus de 5. Au cours de cette période, la part de l'Europe, non comprise l'ex-U.R.S.S., régresse de 15,6% à 10,1%, l'U.R.S.S. de 7,2% à 5,7%, l'Amérique du Nord de 6,6% à 5,5%, cependant que l'Afrique progresse de 8,9% à 11%, l'Amérique Latine de 6,6% à 8,3% et l'Asie de 54,6% à 58,4%. Ces évolutions sont la conséquence directe des périodes et des rythmes auxquels se sont effectuées les transitions démographiques. Les inégalités de répartition des hommes dans l'espace existaient bien avant les transitions démographiques mais les modalités de ces dernières les ont accentuées. Le poids relatif démographique des pays développés décroît (tableau 39) : 31,4% en 1960, 21,4% en 1999 mais ce cinquième de la population mondiale bénéficie de 80% du revenu mondial. Le déséquilibre démographique mondial constitue un problème au regard de la répartition des richesses mondiales et de l'impossible extension du mode de consommation des pays riches à l'ensemble de la planète.

Démographie

Tableau 39 - évolution du poids démographique des grandes régions du monde

	1975 (Milliers)	1999 (Milliers)	2015 (Milliers)	1975 (%)	1999 (%)	2015 (%)
Pays en développement	2 898,3	4 609,8	5 759,1	72,7	78,6	81,7
Europe de l'Est et C.E.I	353,8	398,3	383,3	8,9	6,8	5,4
Pays de l'OCDE à revenu élevé	731,7	848,3	897,7	18,4	14,5	12,7
Monde	3 987,4	5 862,7	7 048,2	100	100	100

Source : Tableau réalisé à partir du « Rapport mondial sur le développement humain 2001 ».

L'évolution de la structure par âge de la population des grandes régions du monde : le vieillissement en marche

Les dynamiques de la mortalité et de la fécondité modifient dans le temps la structure par âge des populations. Au cours de la période 1950-2000, la structure par âge de la population mondiale connaît une amorce de vieillissement sous l'impact de la baisse de la fécondité. En 2002, le vieillissement par le bas des pyramides touche la majeure partie des pays. En 1999, les moins de 15 ans représentent environ 30,2% de la population mondiale, les 65 ans et plus 6,9%. Mais alors que la part des moins de 15 ans est de 33,1% dans les pays en développement, elle représente 20% dans les pays les plus développés ; pour les 65 ans et plus, ces proportions sont respectivement de 5% et de 13%. La proportion des moins de 15 ans a été d'abord croissante de 1950 à 1970 sous l'action de la baisse de la mortalité infantile et juvénile dont l'effet est identique à celui produit par une hausse de la fécondité, d'où une première phase de rajeunissement de la population mondiale. La baisse de la fécondité des années 1970, dans un grand nombre de pays dont le plus important, la Chine, entraîne une baisse de la proportion des jeunes. Seule l'Afrique subsaharienne reste en retrait de ce grand mouvement, la part des jeunes progressant de 42,5% à 45% entre 1950 et 1990.

En 2001, l'Afrique occidentale, orientale et centrale ont encore des populations très jeunes avec 45% de moins de 15 ans et 3% de plus de 65 ans.

Le vieillissement par le bas de la pyramide est amorcé depuis le XIXe siècle en Europe et en Amérique du Nord. Il est suivi de façon plus récente d'un "vieillissement par le haut" lié à la baisse de la mortalité aux âges avancés, produisant une augmentation de la proportion des personnes âgées.

Les pays en voie de développement sont aujourd'hui des pays jeunes, mais les tendances démographiques en place font du vieillissement des populations un processus inéluctable. Inscrit dans la dynamique du peuplement, il s'effectue à un rythme d'autant plus accéléré que les transitions démographiques sont plus récentes (tableau 40).

Tableau 40 - Répartition de la population par grands groupes d'âge (%)

	1950	1975	2000	2025
Monde				
0-14	34.5	36.8	31.4	24.5
15-59	57.5	54.7	58.8	61.3
60+	8.0	8.5	9.8	14.2
Pays développés				
0-14	27.7	24.8	20.0	17.8
15-59	60.9	59.9	61.3	56.7
60 +	11.4	15.3	18.7	25.5
Pays en développement				
0-14	37.9	41.3	34.3	25.8
15-59	55.8	52.6	58.1	62.2
60 +	6.3	6.1	7.6	12.0

Source : *Population Growth and Demographic Structure*, United Nations New York, 1999.

LES PERSPECTIVES DEMOGRAPHIQUES MONDIALES

Quelques précisions de terminologie sont à effectuer avant d'aborder les résultats des projections et la question de la stabilisation de la population mondiale.

Perspectives, projections et prévisions en démographie

L'intérêt de toute prospective est de cerner les problèmes auxquels risquent d'être confrontées les sociétés et d'éclairer la prise de décision en vue de mieux maîtriser le futur. L'utilité des perspectives n'est plus à démontrer : "gouverner, c'est prévoir", c'est anticiper les conséquences de certaines tendances, ce peut être agir dans le présent afin de modifier le cours des événements et faire qu'un futur probable, porteur de déséquilibres, ne se réalise pas, « prévoir pour ne pas voir ». En matière de population, on ne peut prévoir une évolution certaine, les indices démographiques varient dans le temps, parfois de façon inattendue[4] mais à défaut de lois, le repérage de certaines régularités permet d'insérer le cheminement futur des populations dans un couloir de possibles.

L'inertie des phénomènes démographiques fait cependant de la démographie le domaine par excellence des projections. Effectuer des projections n'est pas prévoir mais fournir un « ensemble de résultats de calcul, illustrant l'évolution future d'une population dans telle ou telle hypothèse qui ne sont pas nécessairement vraisemblables ». La projection devient prévision quand les hypothèses sur lesquelles elle est fondée apparaissent comme très probables. Certaines projections ont un caractère de prévision, telles sont les prévisions de la population d'âge scolaire à partir des naissances d'une année. Les risques d'erreur dans ce domaine sont faibles. Les conséquences d'une hausse ou d'une baisse durable des naissances sur l'effectif des enseignants relèvent par contre d'un choix de société, et traduit l'effort que la collectivité entend consentir par exemple pour son système éducatif.

---

[4] Aucun démographe n'avait prévu l'ampleur et la durée du baby boom.

Lorsque les perspectives portent sur la population mondiale, les risques d'erreurs sont faibles à court et moyen termes et augmentent avec l'élargissement de l'horizon[5]. La méthode des scénarios, mise en place par la Direction de la Population des Nations Unies, permet de proposer, par combinaison d'hypothèses relatives à la mortalité, la fécondité et aux migrations internationales, un ensemble de futurs possibles. Dans cette démarche, le monde avance plus ou moins sur la base des principes du passé proche, excluant toute catastrophe telles que des guerres, des épidémies ou des famines de grande ampleur. Il faut donc éviter face à une divergence entre prévision et réalité « l'ironie facile de celui pour qui l'avenir est devenu du passé ». La Division de la Population des Nations Unies appuie ses projections sur l'hypothèse de diffusion de la transition démographique à l'ensemble des pays. Le jeu d'hypothèses relatives à la fécondité traduit l'incertitude qui pèse sur le calendrier de la transition, essentiellement liée aux difficultés de prévoir le rythme de baisse de la fécondité.

Les premières projections démographiques de l'ONU portant sur la population mondiale remontent au début des années 1950 pour l'horizon 1980. Les 3,3 milliards prévus par l'ONU furent en fait 4,4 milliards à cause d'une sous estimation de la population de départ, 2 milliards au lieu de 2,5 milliards, ainsi que du rythme d'accroissement de la population. Depuis les années 1950, l'amélioration de la connaissance des données de base et des techniques de projection a conduit à de meilleures évaluations du futur, mais l'amélioration des techniques ne peut se dispenser de percevoir « les faits porteurs d'avenir » qui relève davantage d'un art que d'une technique.

Deux postulats, à la base de la théorie de la transition démographique, président aux projections : l'accroissement de l'espérance de vie à la naissance jusqu'à une limite de 85 ans pour les deux sexes et la convergence de la fécondité de tous les pays vers le niveau assurant le remplacement des générations.

---

[5] Le court terme peut réserver cependant des surprises. Ainsi, lors des projections de population, les démographes de la Société des Nations en 1944 ont considéré la reprise de la natalité comme un simple rattrapage de naissances différées du fait de la guerre (comme ce fut le cas, sur une période courte, après la guerre de 1914-1918). Le redressement allait durer vingt ans.

De ces postulats découle la stabilisation de la population mondiale évoquée pour la première fois par l'ONU en 1982.

Au cours des 30 dernières années, l'évolution de la mortalité et de la fécondité a correspondu aux tendances posées par ces postulats. Mais comme le souligne Jacques Dupâquier[6], la situation présente révèle l'absence de fondements scientifiques de ces postulats : le SIDA, la désorganisation des systèmes de santé de nombreux pays s'opposent à l'idée d'une baisse régulière de la mortalité ; la fécondité baisse plus rapidement que prévu dans les pays en développement et ne reprend pas dans les pays développés ; son évolution est de plus en plus imprévisible car elle s'éloigne de l'emprise des cultures et des conditions économiques. Au Brésil, la diffusion par les *telenovelas* du modèle de famille à un enfant joue probablement un rôle dans l'explication de la baisse de la fécondité dans les régions les plus pauvres.

Vers une stabilisation de la population mondiale ?

Aux craintes de Malthus d'une population évoluant selon une loi tendancielle exponentielle, l'ONU oppose, dans ses travaux de prospective, le principe d'universalité de la transition démographique et donc, à un terme qui reste à définir, une croissance nulle de la population mondiale. La stabilisation de la population mondiale, prévue vers 2150 selon l'hypothèse moyenne à 11,5 milliards d'habitants avec un ralentissement de la croissance démographique dès 2050, est le résultat d'hypothèses relatives à la mortalité et surtout à la fécondité dont les rythmes d'évolution sont difficilement prévisibles. La baisse de la fécondité dans les pays en cours de transition démographique n'agira que lentement sur l'évolution et la stabilisation des effectifs du fait de l'énorme potentiel de croissance démographique légué par les périodes de forte fécondité. Le rapport entre la population des pays développés, 800 millions, et le reste du monde, 1,7 milliards, est passé de 1 à 2 en 1950, de 1 à 4 en 2000 et probablement de 1 à 7 en 2050 avec de fortes redistributions au sein des pays en développement (figure 23).

---

[6] Jacques Dupâquier : « Où va la population mondiale ? » Le Monde, 27 mai 1999.

Cependant, les évolutions récentes de la mortalité et de la fécondité conduisent à remettre en cause l'idée de stabilisation de la population mondiale pour l'horizon 2150 : la croissance démographique zéro serait-elle un mythe ?

L'horizon 2150 est lointain. L'explosion de nouvelles épidémies telle le SIDA, les déséquilibres provoqués par l'effondrement des régimes communistes de l'Europe de l'Est, la montée des nationalismes, la marginalisation des pays pauvres donnent aux évaluations du futur un contenu dérisoire tant le présent lui-même est porteur d'inconnu. Les déséquilibres mondiaux de ce début de XXIe siècle rendent encore plus impérative qu'au cours de la période de croissance et de relative stabilité, la réflexion sur la solidarité à l'intérieur des pays et entre nations. Dans leur propre intérêt, une morale mondiale ne semblant pas se mettre en place, les pays riches ne peuvent se contenter d'un repli inquiet face à une misère que le tableau 41[7] tente de mettre en chiffres : la maladie, la faim, la mort, les problèmes d'hygiène, d'éducation frappent, en dépit des progrès réalisés, des millions de personnes dans un monde qui risque d'éclater sous le poids des inégalités.

---

[7] Tableau tiré du *« Rapport mondial sur le développement humain 2001 »*.

180

Démographie

Tableau 41 - La situation du développement humain aujourd'hui : objectifs, accomplissement et chemin restant à parcourir

Objectifs	Accomplissements	Chemin à parcourir
Réduire de moitié la proportion de la population mondiale vivant dans la pauvreté extrême.	Entre 1990 et 1998, la proportion d'êtres humains ayant moins d'un dollar par jour pour vivre(en PPA de 1993) dans les pays en développement est tombée de 29 à 24%	Même si cette proportion est divisée par deux en 2015, le monde en développement comptera encore, à cette date, 900 millions de personnes vivant dans un dénuement extrême.
Diviser par deux la proportion de personnes souffrant de la faim	Le nombre d'individus souffrant de sous-alimentation dans le monde en développement a diminué de 40 millions entre 1990-92 et 1996-98.	La sous-alimentation touche encore 826 millions de personnes dans les pays en développement.
Réduire de moitié la proportion de personnes privées d'accès à l'eau potable.	Environ 80% des habitants des pays en développement ont accès à des points d'eau aménagés.	Près d'un milliard d'individus sont toujours privés d'accès à des points d'eau aménagés.
Scolariser tous les enfants dans le primaire. Permettre à tous les enfants d'achever un cycle complet d'études primaires.	En 1997, le taux net de scolarisation dans le primaire dépassait 80% dans plus de 70 pays. Dans 29 des 46 pays pour lesquels on dispose de données, 80% des enfants scolarisés atteignaient la cinquième année d'enseignement	Sur les 15 prochaines années, il faudra prendre en charge les 113 millions d'enfants qui ne sont pas aujourd'hui scolarisés dans le primaire, et les millions d'autres qui viendront gonfler la population des enfants d'âge scolaire.

Objectifs	Accomplissements	Chemin à parcourir
Promouvoir l'autonomisation des femmes et éliminer les inégalités entre garçons et filles dans l'enseignement primaire et secondaire.	En 1997, le taux de scolarisation des filles dans les pays en développement atteignait 89% de celui des garçons dans le primaire et 82% dans le secondaire.	Dans 20 pays, le taux de scolarisation des filles dans le secondaire reste inférieur aux deux-tiers de celui des garçons.
Réduire des trois quarts le taux de mortalité maternelle.	Quelque 32 pays obtiennent un taux déclaré de mortalité maternelle inférieur à 20 pour 100 000 naissances vivantes.	Dans 21 pays, le taux déclaré de mortalité maternelle dépasse 500 pour 100 000 naissances vivantes.
Réduire des deux tiers la mortalité infantile. Réduire des deux tiers la mortalité des enfants de moins de cinq ans.	Entre 1990 et 1999, la mortalité infantile a baissé de plus de 10% : de 64 à 56 pour 1 000 naissances vivantes. La mortalité des enfants de moins de cinq ans est passée de 93 à 80 pour 1 000 naissances vivantes entre 1990 et 1999.	En Afrique subsaharienne, la mortalité infantile reste supérieure à 100 et celle des enfants de moins de cinq ans dépasse encore 170 pour 1 000 naissances vivantes. Et dans cette région, les progrès sont plus lents que dans les autres.
Arrêter la propagation du VIH/Sida et commencer d'inverser la tendance.	Dans un petit nombre de pays, notamment l'Ouganda et peut-être la Zambie, la proportion des personnes infectées montre des signes de recul.	Quelque 36 millions d'individus sont séropositifs ou malades du sida.

Objectifs	Accomplissements	Chemin à parcourir
Procurer à toutes les femmes qui le souhaitent l'accès à des soins de gynécologie et d'obstétrique.	Le taux d'utilisation des contraceptifs approche les 50% dans les pays en développement.	Environ 120 millions de couples souhaitant recourir à la contraception n'en ont pas la possibilité.
Mettre en œuvre, d'ici 2005, des stratégies nationales de développement durable, afin de pouvoir inverser la tendance à la dégradation des ressources écologique d'ici 2015.	Les pays ayant adopté des stratégies de développement durable étaient moins de 25 en 1990. En 1997, ils étaient plus de 50.	La mise en œuvre de ces stratégies reste encore très limitée.

Figure 23 – Évolution de la population par grandes régions, dans l'hypothèse d'une stabilisation de la population mondiale à un peu plus de 10 milliards vers la fin du siècle prochain.

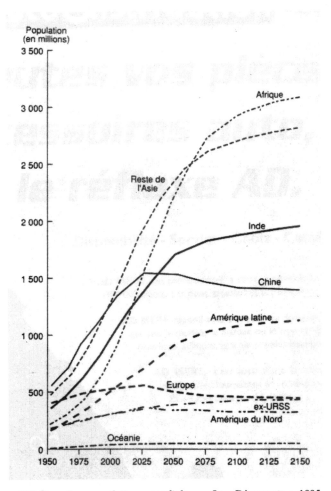

Source : J.Vallin, *La population mondiale*, La Découverte, 1995, p.89.

BIBLIOGRAPHIE

Ouvrages de base

DUMONT   G.-F.   (1992),   Démographie   :   *Analyse   des   populations   et   démographie   économique*, Dunod,.

LECAILLON   J.-D.   (1990),   *Démographie   économique   :   Observations,   Interprétation,   analyse*,   Litec économie, Paris.

PRESSAT   R.   (1978),   *Démographie   sociale*,   Coll.   "Le sociologue", 2ème édition, Paris, P.U.F.

PRESSAT   R.   (1980),   *Démographie   statistique*,   Coll.   "Le sociologue", 2ème édition, Paris, P.U.F.

PRESSAT   R.   (1983),   *L'analyse   démographique,   Concepts, méthodes*,   résultats, 4ème édition   refondue   et augmentée, P.U.F.

TAPINOS   G.   (1985),   *Eléments   de   démographie,   Analyse, déterminants   socio-économiques   et   histoire des populations*, Coll. U, Paris Armand Colin.

VALLIN   J.   (1995),   *La   population   mondiale*,   Coll.   Repères,   La Découverte, 5ème édition.

VALLIN   J.   (1996),   *La   population   française*,   Coll.   Repères,   La Découverte, 4ème édition.

VALLIN   J.   (1992),   *La   démographie*,   Coll.   Repères,   La Découverte.

Ouvrages d'ouverture et d'exercices

CICUREL M. (1989), *La génération inoxydable*, Grasset, 1989.

FRANCK CADIER C. (1990), *Démographie : Les phénomènes démographiques*,   Tome   I ;   *La   population*, tome   II,   Collection   Exercices   et   cas, Economica.

GANI L. et SIMMAT-DURAND L. (2001), *Démographie expliquée, Méthode d'analyse et études de cas*. Coll. Fac, Nathan-Université.

KLATZMANN J. (1992), *Attention, statistiques ! Comment en déjouer les pièges*, Essais, La Découverte.

LE BRAS H. (1991), *Marianne et les lapins*, L'obsession démographique, Olivier Orban.

LE BRAS H. (1994), *Les limites de la planète*, Flammarion.

LE BRAS H. (1998), *Le démon des origines*, édition de l'Aube.

VIDAL A. (1994), *La pensée démographique*, Coll. L'économie en plus, PUG

VIDAL A. (2001), *Démographie, Les outils, Exercices corrigés*, coll. L'économie en plus, PUG.

Revues et annuaires

Les cahiers de l'INED, INED, Paris.

Population, INED, Paris.

Population et société, INED, Paris.

Les collections de l'INSEE, série D.

Démographie et emploi, INSEE.

Annuaires statistiques des Nations Unies.

INDEX THEMATIQUE ET DES AUTEURS

TABLE DES MATIERES